VITOR HUGO BRANDALISE

O ÚLTIMO ABRAÇO

1ª edição

EDITORA RECORD
RIO DE JANEIRO • SÃO PAULO
2017

CIP-BRASIL. CATALOGAÇÃO NA PUBLICAÇÃO
SINDICATO NACIONAL DOS EDITORES DE LIVROS, RJ

B816u
Brandalise, Vitor Hugo
O último abraço: uma história real sobre eutanásia no Brasil / Vitor Hugo Brandalise. – 1ª ed. – Rio de Janeiro: Record, 2017.
il.

ISBN 978-85-01-10827-2

1. Reportagem em forma literária. 2. Jornalismo e literatura. I. Título.

16-38153
CDD: 070.44
CDU: 070.44

Copyright © Vitor Hugo Brandalise, 2017

Imagens do encarte: Coleção da família Golla

Todos os direitos reservados. Proibida a reprodução, armazenamento ou transmissão de partes deste livro, através de quaisquer meios, sem prévia autorização por escrito.

Texto revisado segundo o novo Acordo Ortográfico da Língua Portuguesa.

Direitos exclusivos desta edição reservados pela
EDITORA RECORD LTDA.
Rua Argentina, 171 – Rio de Janeiro, RJ – 20921-380 – Tel.: (21) 2585-2000.

Impresso no Brasil

ISBN 978-85-01-10827-2

Seja um leitor preferencial Record.
Cadastre-se em www.record.com.br
e receba informações sobre nossos
lançamentos e nossas promoções.

Atendimento e venda direta ao leitor:
mdireto@record.com.br ou (21) 2585-2002.

Para Marina

1.

No domingo em que decidiu morrer, Nelson Irineu Golla acordou de súbito às 6 horas e não pôde mais dormir. Estava ansioso e impaciente — ou, como ele próprio diria, de saco cheio. Vestiu uma camisa cinza escura de manga curta, uma bermuda azul, e calçou os chinelos. Evitava usar meias, pois, aos 74 anos, tinha dificuldades de se curvar. Bebeu café e comeu biscoitos sem deixar de pensar na dúvida que o atormentava havia três dias: será que desta vez conseguiria? Repassou mentalmente seu plano. Se tudo desse certo e a coragem viesse, dentro de algumas horas ele e a esposa, dona Neusa, estariam mortos. Finalmente.

Nelson resolveu passar o tempo no parque da vizinhança, que ficava em frente à sua casa. Era dia de campeonato de futebol de várzea, e, sentado num banco atrás do campo, à sombra de velhos eucaliptos de 12 metros de altura, escutou uma série de estampidos secos, seguidos do alarido da molecada. Soltavam rojões. Nelson vivia ali há muito tempo e sabia que esse era um costume em dias de jogos. Quem o viu naquele domingo de primavera em São Paulo, um dia fresco e ensolarado, disse que ele parecia feliz.

Talvez o tivessem visto num bom momento, pois, apesar de tudo, Nelson ainda era capaz de vivê-los. Ou talvez tivessem flagrado apenas um momento típico dele, em que diz o que se quer ouvir, sem realmente dizer o que pensa.

Nelson é um homem alto (1,80 metro, uma estatura comum entre os Golla) e de sorriso fácil, bom ouvinte e comunicativo; é também discreto com seus problemas e, certamente, não abre seus segredos a qualquer um — especialmente um segredo como aquele, que o levara à última reflexão solitária no parque. A verdade é que ele não andava nada bem. Um pouco antes do meio-dia, despediu-se e voltou para casa.

Nelson comeu com rapidez um almoço que preparou para si. Ele mesmo cozinhar era algo impensável até poucos anos antes. Era o caçula de sete irmãos, o que incluía três irmãs mais velhas, e tinha uma mãe protetora, todas dispostas a mimar o temporão, que chegou dez anos depois de Anália, a irmã que o antecedia. Neusa, sua esposa, também o acostumara a ter as vontades sempre atendidas. Uma série de mudanças em sua vida nos últimos anos, porém, o obrigou a aprender a se virar, mesmo com as dores na coluna, o braço esquerdo atrofiado e o incômodo que era sentir-se "um velho".

Como de costume, cochilou no sofá depois de comer e, como agora era frequente, acordou sobressaltado. Havia semanas que a palavra "covarde" lhe invadia o sono e o fazia despertar. Isso o irritava bastante, pois jamais se enxergara dessa forma antes. Nelson abriu os olhos e decidiu seguir em frente. O relógio marcava 14h30. Antes de sair, trocou uma das peças da roupa: colocou uma calça folgada, para poder levar o que quisesse nos bolsos largos sem chamar a atenção. Desceu à oficina de carros que fica no térreo do sobrado onde vive, numa avenida movimentada da Vila Prudente, bairro que no passado era operário e hoje é de classe média, na Zona Leste de São Paulo. Orgulhava-se de dizer que construiu sua casa com as próprias mãos, das fundações ao terraço no terceiro andar. Levou trinta anos, e não foi fácil. Ao longo de muito tempo, terminar a casa foi seu maior sonho. Quis fazê-la grande para receber muita gente, reunir sempre que pudesse a família toda ali. Neusa partilhava desse desejo e ajudou o quanto pôde. A impressão de Nelson era a de que passara metade da vida entre sacos de cimento e montes de entulho, e sentia-se agradecido à esposa por ter ficado ao seu lado. Dizia que nem toda mulher aguentaria aquilo.

De uma gaveta nos fundos da oficina, um cômodo comprido e de pé-direito alto, onde se veem peças de carros e caminhões por todos os lados, Nelson retirou os equipamentos que pretendia usar. Consultou de novo o relógio; eram quase 15 horas. Entrou no Celta vermelho da família e, antes de girar a chave, abriu o porta-luvas. Colocou ali nove folhas de papel, que mais tarde seriam encontradas pela polícia. Deu a partida e, como fazia diariamente, dirigiu-se à clínica de repouso onde nove meses antes internara sua mulher.

Nelson e Neusa eram casados há 47 anos.

— E mais sete de namoro — ele sempre se apressava a dizer. — Cinquenta e quatro anos juntos; a gente não se largava.

Quando a conheceu, ele era um rapaz de 20 anos. Neusa acabara de completar 18. Agora, após ultrapassar os 70, Nelson mantinha a saúde estável, apesar da paralisia no braço, resultado de um problema nunca diagnosticado ou tratado direito. Ela tinha 72 anos, sofrera dois AVCs recentemente e era alimentada por meio de uma sonda nasogástrica. Estava lúcida, mas não podia mais mastigar e deglutir. Recebia um soro nutritivo diretamente no estômago, inserido pela narina esquerda. Suas reações restringiam-se a grunhidos e olhares marcados por uma depressão profunda, que surgira no início dos anos 2000 e não mais arrefecera. Com esforço, ela, às vezes, conseguia resmungar algumas palavras.

Desde que Neusa foi internada pela primeira vez numa clínica desse tipo, há quatro anos, Nelson não deixou de visitá-la um único dia. Não saiu mais de São Paulo para ver os parentes em Santos ou Presidente Prudente; não foi mais passear em Caldas Novas, em Goiás, ou em Conservatória, no Rio. Há anos mal saía do bairro. Sua rotina era visitar a esposa toda tarde, fosse ou não dia de visita. Dizia que, enquanto estivesse com ela, Neusa receberia o tratamento destinado aos pacientes que têm família por perto: mais paciência, mais carinho, mais cuidado. Mas ele também admitia, com tristeza, que não podia se enganar: quando saía, Neusa certamente receberia dos funcionários da clínica as broncas que via serem dadas em outros pacientes.

— Estou aqui. Se minha mulher pedir alguma coisa, vou procurar um jeito de dar a ela. Mas e quando saio? Ela fica abandonada como as outras. É triste, mas mais da metade do dia e a noite toda, a mãe de vocês fica abandonada — dissera aos filhos certa vez.

Era um ensolarado domingo de primavera em São Paulo, 28 de setembro de 2014, e Nelson visitaria Neusa novamente. Levava dois volumes nos bolsos da calça. Um deles era uma bisnaga de 100 mililitros que enchera com água de coco de caixinha, como a esposa gostava. Às escondidas, ele daria de beber a ela. Nelson sabia que era proibido alimentar pacientes que usam sonda, mas, ainda assim, sempre o fazia.

— Bebida direto no estômago não mata a sede de uma boca seca — dizia.

O outro volume que Nelson levava era uma bomba caseira, que ele mesmo fizera e às vezes apalpava no caminho até a clínica para certificar-se de que estava mesmo ali. Também carregava consigo uma caixa de fósforos.

O último abraço

— Bom dia, dona Neusa, vou te deixar bem bonita para ver sua família — anunciara a enfermeira Luciane Teodoro, proprietária da casa de repouso Novo Lar, ao entrar no quarto e abrir a janela basculante. Tinha nas mãos uma camisola branca enfeitada com lacinhos rosados na gola e babados de renda na barra. Depois do banho, Neusa estaria pronta para receber o assíduo visitante. "Foi o homem mais presente na clínica desde que minha mãe a abriu, 21 anos atrás", disse-me Luciane tempos depois.

— Vamos nos arrumar, dona Neusa, porque daqui a pouco seu esposo chega.

Neusa Maria Golla ocupava uma cama encostada na parede do lado esquerdo do quarto, com uma prateleira logo acima, onde ficavam seus medicamentos: um antidepressivo, um anticoagulante e um remédio para pressão alta, todos dentro de uma pequena cesta de plástico cor-de-rosa. Como mais tarde anotaram os policiais, viviam no mesmo cômodo as senhoras Almerinda Pereira Santos (87 anos), na cama da direita, e Luisita Matos Iacomolski (80 anos), num leito atravessado no quarto, embaixo da janela por onde entravam ar fresco e claridade. Neusa e Almerinda usavam sondas (eram "sondadas", na linguagem das clínicas), e Luisita ainda podia comer papinhas As três mulheres estavam acamadas no quarto de número 03, onde ficavam as pacientes mais debilitadas — as que estão "piorzinhas", como se diz por ali.

Àquela altura da vida, nenhuma delas podia falar normalmente. Resmungavam e reclamavam, quase sempre por meio de grunhidos, e com frequência choravam. Se algo as incomodava muito, conseguiam gritar. Luisita e Almerinda tinham déficit severo de cognição e demência senil. Já não estavam lúcidas. Neusa mantinha o conhecimento intacto — conseguia escutar, e era isto, a lucidez da mulher que agora só se comunicava pelo olhar, o que mais machucava o marido. Ele preferia que ela estivesse desacordada, que vivesse o dia inteiro na morfina "ou sei lá que diabo", porque ficar daquele jeito, na opinião de Nelson, era um castigo pior do que o fim do mundo.

Nos últimos dois meses, a língua de Neusa começara a atrofiar e definhara até travar por completo. O mesmo ocorrera com os braços, que agora se cruzavam imóveis sobre o tórax. As mãos de pouca carne retorceram-se, não podiam pegar mais nada. Poucos dias antes, a perna direita também começara a atrofiar. Levantou-se na clínica suspeita de esclerose lateral amiotrófica (ELA), que não chegou a ser confirmada. Quando ainda falava, Neusa chamou o marido para perto:

— Nelson, o que fiz na vida pra sofrer assim?

Ele ainda quis brincar, tentou distrair a mulher e balbuciou algo como "jogar pedra na cruz é que não foi", mas saiu de lá muito abatido e, pelo que disse mais tarde, com sérias dúvidas em relação aos desígnios de Deus. Nelson era católico de formação, fizera todos os sacramentos ali perto, na Igreja de Santo Emídio, mas há tempos sentia-se cada vez mais descrente, e, em seus pensamentos, desafiava-o com frequência.

— Não sei onde Ele fica dentro de uma clínica como esta — disse uma noite ao voltar para casa. — Não sei qual é o Deus que rege este negócio.

Ao chegar à clínica, por volta das 15 horas, Nelson foi recebido por uma auxiliar de enfermagem chamada Michelli. A garota de 29 anos era nova ali e ainda não conhecia direito os familiares dos pacientes, nem mesmo Nelson. Deixou-o esperando no portão da clínica — uma casa verde e térrea, que em outra época fora residencial, com um bem-cuidado jardim na frente — e foi perguntar a Luciane se ele podia entrar.

— Claro que pode, Michelli, ele vem direto aqui! Você já sabe disso, pode abrir — respondeu Luciane.

— E posso deixá-lo sozinho no quarto com ela? — insistiu a auxiliar.

— Sim, claro, ele já é da casa.

"Não tem problema nenhum", Luciane ainda comentou com a filha de outra paciente, "ele vem todo dia, imagina você". Ainda que fosse domingo, dia que não é de visitas na Novo Lar, Nelson tinha permissão para ver a mulher. Uma breve explicação dos filhos do casal logo na chegada de Neusa convenceu a proprietária da importância de que ele tivesse sempre livre acesso. Não seria ela, Luciane, a ficar no caminho, diria meses depois, quando precisou se explicar aos policiais.

Com tanta assiduidade nas visitas, não havia como não o apreciar naquele ambiente. A dona da clínica o considerava parte da família. Ela própria, Luciane, tivera uma depressão profunda anos antes e quase morrera. Chegou a pesar 40 quilos, e passou meses sem andar. Teve de reaprender várias coisas nos últimos tempos, e uma delas foi dirigir. Ao vê-la agarrada ao volante, sem coragem de ligar o carro, era Nelson quem lhe dava força:

— Larga de frescura, menina, vai logo — dizia.

Quando cruzava com ela na rua, Nelson corria com seus passos trôpegos para trás de um poste ou de uma árvore:

— Da próxima vez que sair de carro me avisa que fico em casa, não quero me arriscar a ser atropelado — brincava.

Ele tinha boa presença de espírito, e isso o destacava na casa de repouso, onde o som que mais se ouvia eram queixumes e lamúrias. Uma das enfermeiras provocava:

— Dona Neusa, vamos reagir, levanta desta cama. Seu marido é tão bonitão, não pode deixar solto por aí.

Neusa franzia o cenho, parecia enciumada.

— Tô brincando, dona Neusa. A senhora é que tem sorte. Seu marido vem todo dia. Que homem hoje cuida da mulher desse jeito? Quero ver se meu marido vai ser assim quando eu envelhecer.

Na chegada de Nelson, com o sorriso bonachão que puxava para o lado esquerdo, o assédio era semelhante.

— Ai, seu Nelson, a gente quer que nosso marido fique igual ao senhor.

Ele tinha mesmo um quê de galã, o que sempre o ajudara a amealhar simpatias. Na clínica, a impressão que deixava era ainda melhor. Ele acariciava os curtos cabelos brancos e o rosto de pele fina e morena de Neusa, e, embora sentisse uma pontada na coluna a cada vez que se abaixava à altura do leito, abraçava a mulher (envolvendo-a com o braço bom), beijando-a.

Luciane flagrou vários momentos como esse, não tanto por curiosidade, mas porque observar os visitantes era parte de seu trabalho. "Gente estranha também aparecia e era preciso estar atenta", disse-me mais tarde. Visitas de parentes distantes de idosos sem filhos (sobrinhos, sobrinhos-netos) recebiam atenção especial. "Vai que estejam interessados numa herança?", justificou.

Nelson e Neusa, por outro lado, serviam de exemplo. Eram chamados de "casal 20" e apontados para outros pacientes e visitantes como inseparáveis. Ao notar que era observada, Neusa sorria.

— Está gostando do carinho, não é, dona Neusa? — dizia Luciane. — Mas daqui a pouco ele tem de ir embora, você sabe.

— Esta é minha velhinha, Luciane, e não vivo sem ela — interveio Nelson certa vez.

— Agora ela é minha, seu Nelson, o senhor perdeu. Não vai mais conseguir tirá-la de mim.

O último abraço

Existiam momentos de leveza, o bom humor ainda estava ali, mas se tornavam cada vez mais raros. Nos últimos tempos, algo diferente começou a acontecer na clínica, uma mudança que as enfermeiras não souberam explicar se era importante. Elas notaram que, sempre que Nelson deixava o quarto após uma visita, Neusa ficava muito triste. Ela sofria de depressão severa, e essa condição foi apontada como uma das razões para que tivesse parado de andar. Mas daquele jeito ela nunca ficara. Bastava o marido sair para que caísse num choro copioso, que durava até a noitinha. Não adiantava perguntar, pois ela não diria o motivo. Luciane muitas vezes quis saber. Pelo que me contou mais tarde, Neusa chegava a abrir a boca para falar, mas mudava de ideia e virava para o lado.

Luciane não insistia. Muitas vezes ouvira Nelson dizer coisas belas à esposa, outras tantas o viu acariciando-a, e pensou ser apenas o cuidado do marido com a mulher que, além das limitações físicas, sofria de depressão.

Nelson também notou que, desde que a sonda fora instalada, a esposa muitas vezes se esforçava, mas acabava desistindo de falar. Ele a conhecia bem o bastante para saber que nesses momentos não adiantava insistir. Quando ela virava o rosto para o lado até afundá-lo no travesseiro com um resmungo, era porque não queria mais tentar se comunicar. Um dia Nelson percebeu que Neusa fazia um esforço maior. Do pescoço enrijecido e quase sem movimentos, entortado por completo à direita, ele acreditou ouvir breves gargarejos. Nelson aproximou-se. E escutou:

— Me ti-ra da-qui.

2.

No caminho de volta para casa, após as visitas à esposa, por motivos que ainda não se dispunha a tentar entender, Nelson lembrava-se da falecida mãe e das irmãs. Em sua memória, elas lhe diziam: "Nelson, é preciso dar água para as crianças, porque elas não pedem. Elas têm sede também. De vez em quando tem que dar uma aguinha para elas, mesmo que não peçam." Eram lembranças antigas, dos tempos em que a família toda vivia num casarão na rua Torquato Tasso, também na Vila Prudente, e as irmãs mais velhas tinham acabado de parir seus primeiros filhos. Nelson acreditava que não precisava ouvir esse tipo de lição, pois ainda tinha a cabeça em outro lugar, no dominó, no bilhar, em uma ou outra paquera e — um sonho que ele acalentava em segredo — no mundo das artes cênicas. Queria ser ator, talvez. Por que não? As mulheres da casa, sem suspeitar das aspirações do caçula, dividiam com ele seus aprendizados da vida doméstica porque achavam que era hora de ele receber ensinamentos de adulto, coisas que seriam "úteis para a vida". Ele já não era mais criança e, na opinião das irmãs, podia pensar em arranjar uma mulher.

Nelson tinha 20 anos e trabalhava numa das fábricas da família Teperman, que prosperou nos anos 1960 fabricando assentos de ônibus, e cuja sede ficava na Vila Prudente, a um quilômetro da casa dos Golla. Um bom lugar para fazer carreira, dizia seu pai, um homem baixo chamado Rafael, que vendia balões coloridos em feiras de rua. Nelson começara como operador de prensas na estamparia, e assim continuava. O pai não sabia, mas sua vontade de subir na hierarquia da firma era nula — na verdade, pensava mais em deixar o emprego. Desde muito cedo Nelson formou a convicção de que, se não gostasse do que estava fazendo, mais valia interromper a atividade. Agiu assim a vida toda.

Divertia-se com as atividades simples da São Paulo do início dos anos 1960. Num bairro operário da Zona Leste, as opções eram ainda mais singelas: algum cinema de rua, um parque de diversões sem nome instalado em terreno baldio, os passeios na praça, o futebol nos campos de várzea com a turma da rua Cananeia. Nelson era centroavante e chutava com a perna direita. As reuniões com o pessoal da Teperman após o expediente também eram frequentes, mas apenas nos fins de semana:

— Não tinha boteco naquele tempo — Nelson repetiu muitas vezes aos filhos anos depois. — Isso é coisa nova. Hoje vocês saem para a noite na hora em que eu estava voltando. Mas que você vai fazer? É o costume da época, quer você queira, quer não. Tem que suportar.

No ambiente em que vivia, o costume eram reuniões modestas, sempre na Vila Prudente ou arredores, como a Vila Bela, a Vila Zelina, a Vila Califórnia — bairros em que predominavam casas térreas com quintal na frente, com janelas emolduradas por adornos de argamassa, típicas construções operárias de uma cidade que via florescer a indústria automobilística, ávida por força de trabalho. A vida de Nelson era quase toda por ali, e feita a pé. Quando pegava a condução para o centro, preferia não comentar com os pais nem com os irmãos. Eram outros afazeres seus, nada que tivesse a ver com o restante da família, que não entenderia sua vontade artística.

O último abraço

Numa sexta-feira de 1960, o chefe da prensa convidou-o para o aniversário do filho. Nelson pensou que compareceriam somente os prensistas, que beberiam cerveja e bateriam papo. Surpreendeu-se ao ver na festa as meninas da costura, aquela mulherada toda do andar de cima. Foi também aquela morena bonita e baixinha que ele observara no pátio da firma nos momentos de folga. Além das feições agradáveis da moça — o cabelo curto, liso e bem preto, os dentes da frente um pouco pronunciados —, chamou-lhe a atenção algo em sua postura. Ela era pequena, parecia tímida, mas mantinha o porte ereto e a voz firme.

Chamava-se Neusa, disse o anfitrião, e era a chefe da seção de costura da fábrica. Para se aproximar, Nelson elogiou a jovem com picardia — queria causar reação. Entre as galhofas, disse algo que repetiria muitas vezes:

— Você é a carro-chefe aqui da firma, vai sempre à frente!

Nelson tinha bom papo e era boa-pinta. O queixo furado, o topete, a estatura e aquele traço de artista o destacavam nos locais que frequentava. Tinha também um apreço por palavras bonitas, e as usava com Neusa sempre que podia. Falava dos livros que estava lendo, de como apreciava Alexandre Dumas, dos planos que fazia — iria deixar a firma o quanto antes, montar seu próprio negócio, e não queria que ela se preocupasse, pois daria certo. Era um homem ambicioso sem perder a doçura, tinha boa família e gostava de trabalhar. Neusa apaixonou-se.

Começaram a namorar na mesma semana. A jovem então vivia com a mãe e os quatro irmãos numa casa modesta na rua das Heras, perto da de Nelson. Passaram a caminhar juntos na volta do trabalho: ele fazendo-a rir, ela causando-lhe a impressão de ser uma moça "boa para casar". Ela prometeu que prepararia a lasanha cuja receita aprendera com a mãe, disse que sabia costurar e que gostava de crianças. Ele impressionou-se com as prendas e notou uma coincidência que o satisfazia: o nome dela também começava com "n". Nelson e Neusa. Soava bem.

Quando contava essa história aos filhos, Nelson sempre enfatizava o fato de que se sentia seguro ao caminhar pelas ruas de São Paulo à noite, mesmo que estivesse bem vestido. As sextas-feiras eram, agora, destinadas ao namoro, e ele percorria a pé os 3 quilômetros até a casa de Neusa, sempre de terno e gravata — e jamais se vira em perigo. Pelo contrário:

— Era muito mais tranquilo do que os dias de hoje.

Acostumados à rabugice do pai, os filhos assentiam, mas suspeitavam de que, muito mais do que uma crítica ao aumento da criminalidade na Vila Prudente (que de fato ocorrera), isso era reflexo do saudosismo que ele manifestava desde que Neusa caíra de cama.

Nas noites de namoro, a jovem também caprichava: calçava salto alto (chegava assim a 1,55 metro), colocava brincos e passava um pouco de maquiagem. Caminhavam até a cidade vizinha de São Caetano, a uns 2 quilômetros dali, para pegar um cinema ou namorar na praça da igreja. Muitas vezes, Neusa teria preferido passar a noite dançando em algum clube. A jovem movia-se com graça ao som de Vicente Celestino e dos boleros de Lucho Gatica. Em casa, ensinara os três irmãos mais novos a dançar. Nelson sabia que essa era uma das paixões da namorada, mas não podia acompanhá-la. Ele nunca buscou entender o motivo, mas bastava entrar num salão de baile para que travasse totalmente. Dirigia-se ao balcão do bar e pedia um uísque. Ao longo da vida, disse a Neusa inúmeras vezes: "Me ensina a dançar?" Mas nunca se esforçou para enfrentar a inibição. Nos tempos de namoro, levava-a sempre a lugares tranquilos, com música ambiente ou sem música. Adorava a companhia dela e não deixaria que essa incompatibilidade os atrapalhasse. Neusa estancou seu desejo pela dança.

Ele deixava a namorada em casa antes das 22 horas e com frequência era convidado pela sogra, dona Maria Guilhermina, a ficar para assistir à luta livre. Era uma febre paulistana na década de 1960: lutas ao vivo pela TV na Record, transmitidas diretamente de pontos conhecidos da cidade, como o Estádio do Pacaembu e o clube Juventus, na Mooca. Montavam-se ringues sobre os gramados para receber ídolos como Fantomas, Marinheiro e Ted Boy Marino. A sogra vibrava. Por incontáveis vezes, Nelson deixou a casa da namorada após as 23h30, o que o fazia perder o último ônibus. Voltava a pé para casa, cansado, mas satisfeito.

Para os padrões daquele tempo, Nelson e Neusa demoraram a casar. Já se passavam sete anos e Nelson nem sequer havia apresentado a namorada à família. Ele intuía o que a mãe e as irmãs poderiam dizer, por isso evitava levá-la em casa. Além do mais — ele dizia à sogra e aos irmãos de Neusa —, antes de casar eles precisariam melhorar de vida.

— Pois vocês vão ter que melhorar de vida juntos. Achamos que você já está embaçando a Neusinha — disse um dos irmãos mais novos de Neusa, José, conhecido como Paçoca.

Quando a sogra passou a tratá-lo com frieza, Nelson decidiu apresentar a namorada aos pais. Foi na véspera de Ano-Novo, na virada de 1966 para 1967. Concretizou-se o que o jovem previa: as irmãs e os irmãos implicaram com a cor de pele de Neusa, morena.

— Ih, Nelson, você tá namorando uma negona. Trouxe aqui em casa uma mulata do Sargentelli — disseram, com maldade.

Nelson estava preparado, e, com a impulsividade de sempre, anunciou na festa de Réveillon:

— Vamos nos casar dentro de um mês.

Deixou os irmãos falando sozinhos. A mãe de Nelson, que também se chamava Maria, apoiou a decisão e ameaçou romper com qualquer familiar que alimentasse comentários maldosos.

Nelson e Neusa casaram-se em 26 de janeiro de 1967, na igreja de Santo Emídio, a mesma em que ele fora batizado e crismado. Estava satisfeitíssimo. A vida a dois começaria em breve e a garota da costura, o carro-chefe da firma, seria sua esposa. Pensava nela do jeito que aprendera a ver uma mulher: alguém que lhe daria filhos, cuidaria da casa e dele.

A cerimônia foi às 18 horas e cinquenta convidados compareceram. Foram os Golla e alguns poucos integrantes dos Oliveira — a família de Neusa, que migrara de Pesqueira, em Pernambuco, para São Paulo quando ela era criança. Mais de cinco décadas depois, quando tudo acabou, vi o álbum de casamento de Nelson e Neusa, com uma paisagem alpina desenhada na capa e dedicatória na folha de rosto: "A você, Neusa, com todo o meu carinho e estima, Nelson." Numa das fotos, a noiva usa luvas pretas para assinar a certidão; no cartório, observada por Nelson e pelos padrinhos, e em um estúdio fotográfico, Neusa usa o vestido que ela mesma costurou, branco e de cauda longa; tem os cabelos bem pretos e lisos amarrados em um coque. Já na igreja, Nelson curva-se para beijar a mão da noiva, que olha para o altar e sorri; ele veste camisa branca, gravata prateada e um terno preto feito para a ocasião. Nelson coloca a aliança no dedo da mulher; ele tem os cabelos pretos penteados para trás, num topete; Neusa observa aquele que agora é seu marido. Numa foto batida após a cerimônia — a única que eles mandaram colorizar —, o casal está no banco de trás de um carro alugado. Um se apoia no rosto do outro. Ambos sorriem. Em poucos minutos chegariam à recepção que organizaram, na casa da família de Neusa.

Algo novo começava ali. Agora eles poderiam pôr em prática os planos de construir uma família própria. Antes mesmo de casar, já sabiam como se chamaria o primeiro filho: Nilson. Nelson, Neusa e Nilson.

Tiveram uma curta lua de mel em Itanhaém, uma praia do litoral norte de São Paulo, e assim que voltaram estabeleceram-se no porão da casa dos pais de Nelson, onde viveriam os primeiros anos de casamento. Ele estava animado com o emprego novo, como motorista na Villares, de São Bernardo do Campo, uma metalúrgica que ficou conhecida durante a ditadura militar pela combatividade de seu sindicato e da qual fazia parte Luiz Inácio Lula da Silva. Nelson também pagava as contribuições sindicais, embora não aparecesse nas reuniões. Agora que eram casados, ele disse à mulher que ela não precisava mais trabalhar. Podia largar o emprego na Teperman para tomar conta da casa. Neusa resistiu, mas o marido foi peremptório. O trabalho dela seria em casa: cuidaria dos afazeres domésticos e também das finanças, com o dinheiro que ele lhe daria. Assim, ele teria mais tempo para o bilhar, o dominó, o futebol. Neusa se resignou e largou o emprego. Avisou que tentaria fazer suas costuras e vender alguns produtos para ajudar com algum dinheiro. Acreditando que aquilo não aconteceria, Nelson aceitou, desde que não atrapalhasse o serviço doméstico.

Nos fins de semana viajavam para destinos próximos, quase sempre para o litoral paulista. O álbum antigo mostra fotos amareladas de Neusa datadas de abril de 1967: ela posa com o pico do Jaraguá ao fundo, banha-se ao mar, faz um piquenique na areia. Em uma das imagens, Nelson sorri apoiado numa caminhonete Chevrolet. Nos primeiros anos de casamento, eles nutriam ambições simples: Nelson queria se mudar do porão da casa dos pais, pensava em ter filhos e comprar um terreno para construir uma casa. Mais tarde, abriria um negócio. Ele não admitia, mas não tomava nenhuma decisão sem antes perguntar a opinião da mulher — era Neusa quem "andava na frente", como ele definia.

Agora, enquanto conduzia com dificuldade o carro da família até a clínica de repouso onde internara a mulher, Nelson pensava naqueles planos vagos do início do casamento. Segundo disse aos filhos, ele se lembrava, com cada vez mais frequência, daquelas "papagaiadas todas de quando eram jovens", do desafio distante que era pensar em envelhecer juntos.

— Quando formos velhinhos, tudo estará em ordem e teremos tempo e dinheiro para viajar pelo Brasil — disse Neusa certa vez. Esse era um dos seus sonhos.

3.

Nos primeiros meses de internação, Nelson conseguia sorrir ao se despedir da esposa na casa de repouso — tinha certeza de que Neusa estava bem, portanto, podia dormir em paz. Mas isso também mudara. Ao chegar em casa, não queria mais conversar sobre a visita, sobre o que falou ou sentiu. Estava triste e, hoje se sabe, muito frustrado. Nelson não acreditava em médicos ou psicólogos, e — este era outro de seus segredos — nutria uma forte esperança de que a mulher melhorasse. Mesmo que Neusa já não conseguisse falar ou comer sozinha, mantinha a esperança intacta. Ela era dois anos mais jovem, e até pouco tempo estava bem, além do mais o doente da casa sempre fora ele. A esposa era o porto seguro da família, aquela a quem todos recorriam. Nelson se acostumara a tê-la sempre ao lado e não queria aceitar que fosse diferente. A religião já não o ajudava — pelo contrário, estava decepcionado a ponto de questionar a própria existência de Deus. E mesmo a culpá-lo, "se estiver mesmo aí", pela decaída da mulher. Anos antes, decorara trechos inteiros da Bíblia só para ter o que pensar em momentos de ócio, mas agora nada daquilo fazia sentido. "Foi um desperdício de tempo", dizia.

Em família, Nelson tinha um jeito turrão, mas deixara escapar aos três filhos e três netos que o sentimento que o unia à esposa muitas vezes assumia a forma de uma forte empatia. "Era um apego muito grande, porque a gente nunca desgrudava. Isso é bom e ruim. Era bom quando tudo estava bem, mas agora é um inferno", desabafou a um dos filhos meses antes de levar a cabo o plano de dar um fim à vida dos dois. Nelson sofria junto com a mulher, e o fato de ela só piorar, perder peso e se afundar naquela depressão interminável deixava-o desesperado.

Ele recordava os tempos em que o problema não era com Neusa. Aposentou-se em 2002 por não poder suportar as dores na coluna, e, desde o princípio, a mulher ficou ao seu lado. Ela o acompanhou em visitas a neurologistas, fisioterapeutas, clínicos gerais, massagistas que usavam lama quente... Fez três cirurgias espíritas, mas a fraqueza nos braços e as dores nas costas só aumentavam. Um neurologista diagnosticou-o com suspeita de atrofia muscular progressiva, uma doença genética degenerativa dos músculos, e Nelson então entendeu por que não conseguia mais erguer as peças de automóveis nem apertar porcas e parafusos na oficina. Nunca foi chegado a consultas médicas, por isso o diagnóstico e o tratamento pararam ali. Mais tarde, seus filhos pesquisariam na internet e concluiriam, por si sós, que ele era portador da síndrome de Guillain-Barré, doença degenerativa do sistema nervoso central. Concluiriam também que teria sido despertada por uma vacina para a gripe que Nelson tomou. Foi quando ele adotou o bordão "um dia ainda vou travar todo", que repetia sempre. "E aí quero ver me carregar para lá e para cá."

Neusa estava bem de saúde e participou do périplo por consultórios e hospitais. Insistiu para que o marido fizesse a bateria de exames solicitada pelo Hospital São Paulo para confirmar as razões de sua atrofia — a médica que o atendera dissera que havia "indícios" da síndrome, mas que a confirmação levaria alguns meses, pois se tratava de uma doença rara. Ele teria de voltar ao hospital pelo menos uma vez por semana para testes periódicos de ressonância magnética. Nelson recusou. "Cobaia eu não vou ser", disse. A fraqueza aumentou, até que ele perdeu a capacidade de erguer o braço esquerdo. Conseguia mexê-lo um pouco e carregar algum peso — uma ou duas sacolas de supermercado —, mas não mais do que isso. Foi quando ganhou o que chamava de "braço ruim".

Um dia, em meados de 2010, o casal aguardava uma nova consulta num corredor de hospital, quando as coisas se agravaram — mas, desta vez, quem piorou foi Neusa. Ela sentiu-se mal, uma dor forte na região dos rins que a impedia até de se levantar da cadeira. Uma enfermeira suspeitou que fosse infecção urinária e sugeriu um exame. Como Neusa não conseguia urinar, deu-lhe um analgésico e a orientou a voltar para casa. Por pouco tempo. De madrugada, ela sentiu uma dor aguda no mesmo lugar e teve de ser levada de volta ao hospital, acompanhada dos filhos: Nilson, Nilma e Nelson Junior, batizados seguindo o plano do casal de fazer uma família só de nomes com "n".

Nelson e Neusa estavam casados há décadas e enfrentaram juntos muitos problemas. Coisas difíceis, como a morte dos pais, a falta de dinheiro para construir a casa, o início do diabetes de Neusa e as dores musculares de Nelson. Mas nada poderia se igualar às dificuldades que viveriam a partir dali.

Neusa estava internada havia uma semana por complicações da infecção urinária quando sofreu o primeiro AVC. Haveria sequelas, segundo avisaram os médicos.

Como isso pôde acontecer a uma mulher como ela, que sempre demonstrava tanta força e nunca reclamava de nada? Somente então os familiares atentaram para os baques que Neusa sofrera em anos anteriores. As mortes de um irmão de Nelson, Marino, e logo depois da mulher dele, Joana, ambos próximos da família, foram sem dúvida muito sentidas. Marino e Joana eram presença certa nas reuniões familiares de domingos e feriados, que geralmente eram realizadas no amplo salão de festas do terceiro andar. De fato, agora pensavam, a mudança na dinâmica familiar após as mortes — os Golla passaram a não mais se reunir com tanta frequência — nunca foi bem aceita por Neusa. "Essa foi a primeira machadada na árvore", como resumiu anos depois o filho Junior. Logo depois morreu a única irmã de Neusa, Josefa, amiga e confidente, que também tivera um AVC e de quem ela sempre fez questão de cuidar — insistiu para que viesse morar com eles, mas o marido não aceitou. Os filhos lembram a atitude de Neusa no velório da irmã: era madrugada, Nelson a chamou para descansar em casa, e ela, geralmente tão dócil, o repeliu:

— Pode ir. Vou ficar aqui com minha irmã, do jeito que deveria ter sido nos últimos tempos.

O diabetes, diagnosticado um tempo antes, era outra fonte de angústia da mãe. Reunidos os indícios, Nilson, Nilma e Nelson Junior agora entendiam as razões pelas quais a mãe andava mais calada. A depressão se avizinhava havia tempos, mas agora se transformava em algo pior. Foi dessa forma que viram o que acontecera à mãe.

Com o primeiro AVC, Neusa perdeu parte dos movimentos do lado direito do corpo. Nelson notou uma nova faceta na mulher: a dificuldade em aceitar que recebesse cuidados. Até ali era ela quem tomava conta dos outros, e não o contrário. Não aceitava cadeira de rodas, muletas, nem mesmo a bengala de quatro pontas. Os netos tentaram convencê-la de que seria até divertido, ela poderia acertar com a bengala a cabeça do avô e de quem mais a incomodasse, mas não adiantou. Neusa queria caminhar sozinha. Os filhos tanto insistiram que ela até carregava a bengala na mão — mas era quase um enfeite, sem que tocasse com ela no chão.

Nelson solidarizava-se com a esposa e apoiava suas decisões. Ele também era um homem orgulhoso que não aceitava bem os problemas da idade. Sentia-se revoltado com o que chamava de "injustiça divina" e reclamava sempre que podia daqueles que faziam o mal e saíam ilesos, dos "filhos da puta que roubavam, corrompiam" e, no fim das contas, "morriam quentinhos embaixo da coberta". Enquanto isso, ele e a mulher, que sempre fizeram tudo direito, passavam por aquilo. Olhava para Neusa, que agora sofria para mover-se pela casa, e dizia:

— É, velhinha, a gente está atrapalhando aqui. A gente está incomodando.

Ela não tirava os olhos do chão e mexia a cabeça negativamente. Os filhos tentavam dissuadir o pai:

— Está incomodando nada, pai. Vocês cuidaram da gente, por que a gente não pode cuidar de vocês agora? — rebateu certa vez o filho mais velho, Nilson.

Além da culpa que atribuía aos céus, Nelson dirigia sua revolta também à classe médica:

— Todos uns charlatães. A gente vai a tudo que é tipo de médico, eles receitam isso e aquilo e não dá em nada — dizia.
— É só ir ao médico para descobrir alguma doença e morrer. Então é mais fácil não ir e morrer de uma vez!

Era uma ligação direta que Nelson fazia com frequência: medicina e morte. O desgosto era antigo. Ele ressentia-se dos médicos desde muitos anos antes, quando a mãe, também diabética, ficou doente e ninguém conseguiu curá-la, não importasse a quantas clínicas e hospitais dona Maria fosse, ou quantos médicos visitasse. A família relembra um episódio para demonstrar como a doença da mãe deixou marcas em Nelson. Certa vez, ao ouvir de um dentista que teria de arrancar um dente que o incomodava, ele retrucou:

— Esse aí está dando problema? Arranca logo todos de uma vez, que aí não preciso voltar nunca mais.

Ele tanto insistiu que foi o que aconteceu. O dentista deu-lhe uma anestesia e, quando Nelson acordou, estava feito. Ele tinha pouco mais de 40 anos e já não tinha nenhum dente na boca. Usaria uma prótese pelo resto da vida, mas pelo menos não teria de voltar àquele consultório tão cedo. De médicos, clínicas, hospitais — ou simplesmente do sofrimento? —, ele queria passar longe.

Os filhos insistiram por muito tempo para que ele fizesse consultas regulares aos médicos e seguisse os tratamentos. Agora que o problema não era com ele, pediam apenas que ficasse longe da mãe, que não dissuadisse dona Neusa de se consultar. Nelson deu de ombros e aceitou. Disse que a decisão era "toda dela".

Agora, quatro anos depois do primeiro AVC e com Neusa internada na Novo Lar, Nelson parecia acostumado ao ambiente de sanatório, às enfermeiras ao redor e às consultas com cardiologista, fisioterapeuta e nutricionista. Nas visitas, ele teve de se habituar também às queixas de outros pacientes, geralmente emitidas sem endereço, mas que no curto caminho da entrada da clínica ao quarto da esposa acabavam chegando até ele. Pediam água, pão com manteiga, algum doce, e — isso sempre o entristecia — perguntavam muitas vezes a hora do dia. De que adianta saber as horas de dias que são sempre iguais?

O último abraço

Não havia como não se deprimir num ambiente como aquele, ainda mais para um homem como Nelson, cuja opinião sobre a velhice era radical. Ele achava que não valia a pena envelhecer. Muitas vezes ao longo da vida, ao ver um idoso deslocar-se em cadeira de rodas (ou mesmo um deficiente físico), ele meneava a cabeça, em sinal de reprovação. Surpreendia os interlocutores ao dizer que eram pessoas "sem serventia, que só ficam sofrendo". Certa vez Nelson conduzia seu carro pela orla de Santos quando viu um grupo de aposentados, todos com mais de 60 anos, jogando dominó numa mesa de praça pública. Ele comentou com o filho Nilson:

— Velho, quando chega aos 50 anos, tem que ir para o inferno. Não serve pra mais nada. Se aposenta e fica por aí, pegando dinheiro do governo.

Como não era novidade que o pai dissesse coisas do tipo, Nilson não respondeu. Nelson já pensava assim antes de a mulher ficar doente. Bastava que fosse confrontado com alguma limitação para que soltasse resmungos como "velho só serve pra dar trabalho" e "tem que morrer com 50 anos e fim". Numa noite especialmente triste após voltar da casa de repouso, ele fez o seguinte comentário sobre a situação da mulher:

— Se vocês tiverem a infelicidade de envelhecer, podem ter certeza de que vão piorar cada vez mais. Melhor seria morrer.

Nelson também se amargurava por não conseguir mais levantar peso nem girar uma chave de fenda, e agora, ao ver a mulher decair também, esbravejava com frequência. Citou o exemplo do campeão de Fórmula 1 Michael Schumacher:

— Correu, ganhou dinheiro, foi esquiar, caiu, bateu a cabeça na pedra. E agora? Que está acontecendo? Tem gente mamando direto, tem médico ganhando dinheiro, isso é lucro pra alguém. Porque ele vai sofrer cada vez mais. Ele tem muito dinheiro, mas não vai melhorar. No máximo, vai melhorar a vida do outro que está cuidando dele. E enquanto isso fica jogado lá.

Ele ainda repisou uma velha máxima sua, que talvez resumisse o que sentia sobre o sofrimento humano:

— É uma merda. O cara não está legal, fica sofrendo. Acho que a pessoa tinha que viver o quanto fosse, mas, na hora de morrer, tinha que ser por enfarte fulminante. PAM! O cara morreu. Todo mundo fica com dó, chora e tal. Mas todo mundo ficou feliz porque não viu a pessoa sofrer e porque a pessoa não sofreu, né? É por isso que sempre digo: quem sofre um enfarte ganha na loteria. O cara que morre instantaneamente ganha na loteria.

Diante de suas opiniões a respeito da velhice, os filhos se perguntaram como ele trataria Neusa, cada mais dependente. A rabugice do pai piorava a cada dia, e os filhos temeram que ele a tratasse com impaciência ou de forma rude. Mas, desde o primeiro AVC, não foi o que aconteceu. Com a doença da esposa, Nelson foi forçado a enfrentar seus medos. Acompanhou de perto o que significa envelhecer.

4.

Às vezes Nelson aceitava convites para almoçar com familiares, algum sobrinho ou cunhado. Não tinha muita vontade, mas topava para contentar os filhos, que insistiam para que ele se distraísse — a vida não podia se resumir apenas às visitas à mãe na Novo Lar, diziam eles. Ele então resmungava e, afinal, aquiescia. Nessas ocasiões Nelson distraía-se antes do jantar batendo papo com o anfitrião — com frequência, Paçoca, irmão de Neusa — ou bebendo um aperitivo. Porém, nos últimos tempos ele preferia ficar na cozinha, espiando a maneira como a comida era feita. Agora fazia anotações num caderninho de receitas, e arriscava até a opinar sobre o ponto do molho, a massa, os legumes.

Foi um costume que ele adquiriu com a doença de Neusa, quatro anos antes, e espantava quem o conhecia. Na maior parte da vida do casal, Nelson esperou a comida na mesa, sempre preparada pela mulher — de quem exigia pontualidade. Um dia, ao chegar em casa do trabalho e deparar-se com a mesa vazia, fez voar um bule cheio de café, que se espatifou no chão, uma cena que os filhos não esquecem. Mas isso foi uma única vez — depois da qual, diga-se, teve de penar para conquistar o perdão da mulher —, pois Neusa cumpria com sobras as expectativas do marido na cozinha. Sua feijoada era famosa na família — as irmãs de Nelson, que no início a tratavam mal, de repente se enfileiravam para aprender a receita —, e o mesmo pode-se dizer da lasanha, da carne assada, do arroz à grega, dos salgados de festa. Nelson dava seu salário na mão da mulher — das várias ocupações que teve, como metalúrgico, serralheiro, operário de oficina mecânica e montadora de automóveis —, e ela fazia com o dinheiro o que bem entendesse. Cuidar da casa era coisa dela, unicamente dela. Se Neusa não estivesse presente, Nelson talvez preparasse para si um sanduíche frio de pão com queijo e uma xícara de café com leite. Não mais do que isso.

No entanto, desde que retornara a casa após o primeiro AVC, em 2010, Neusa já não tinha mais disposição para a cozinha. Nem condições físicas: o lado direito do corpo ficou parcialmente paralisado, inclusive o braço e a mão, e ela passou a insistir para que Nelson não só a ajudasse, mas que cozinhasse também. Os filhos suspeitam de que foi uma estratégia da mãe. Ele tinha 70 anos e estava aposentado — já era tempo de aprender a se virar. Nelson mal sabia ligar o forno, contudo, pela primeira vez na vida, aceitou ajudar a mulher. Neusa explicava, e Nelson aos poucos aprendeu algumas receitas. Arroz, feijão, grelhar um bife — a princípio, o básico. Ele passou a preparar o café da manhã e a levá-lo à cama para a mulher. Às vezes dava a comida na boca, usando o braço bom.

Nelson esforçava-se não só porque a amava, mas também porque sentia pena. E, na impressão dos filhos, ao olhar para aquela mulher, uma presença sempre tão forte e que agora caminhava alquebrada, ele também sentia culpa. Em outros tempos, seu gênio irascível provocou marcas profundas na esposa. Atormentava-o um episódio em especial, que ocorrera no fim da década de 1980, quando a família viveu um período duro: Nelson rompeu o menisco do joelho esquerdo jogando futebol de areia e teve de ficar de cama durante seis meses, sem poder trabalhar. Perdeu o emprego na serralheria, e a situação apertou.

O último abraço

A casa ainda estava pela metade, e quem teve de seguir com a obra foi o filho mais velho, Nilson, um adolescente à época. Foi quando ele teve problemas nas costas, o que o levou a andar meio curvado e a girar com frequência o pescoço para os lados, até estalar.

Neusa decidiu então buscar uma nova forma de ajudar nas finanças da família: além de cuidar da casa, começou a trabalhar como sacoleira, ocupação popular no Brasil nas décadas de 1980 e 1990. Uma vez por mês viajava a Ciudad del Este, no Paraguai, onde comprava roupas, brinquedos e bugigangas eletrônicas para revender nos arredores da Vila Prudente. O filho Nilson às vezes a acompanhava. Entre as memórias daquelas viagens, está a fome. Como o dinheiro era curto, não pediam comida em nenhuma parada durante as dezesseis horas de viagem entre São Paulo e o Paraguai. Também passavam frio, pois se vestiam mal — de propósito. Assim poderiam retornar com várias camadas de camisetas, blusas e casacos, roupas que depois revenderiam.

Nelson sempre admirara na mulher a capacidade de oferecer, sem acanhamento, seus produtos — os que revendia e as roupas que ela mesma costurava. Neusa interpelava as visitas com naturalidade:

— Você não está precisando de um novo perfume pra presentear alguém? Ou de uma calça Fiorucci?

Era uma qualidade que Nelson não possuía. Ele "não tinha saco pra isso", e só oferecia produtos se alguém manifestasse necessidade. Após alguns meses, eles fizeram as contas e notaram que as viagens sempre se pagavam. Com o marido impossibilitado de trabalhar, Neusa decidiu expandir os negócios. Passou a vender pijamas e camisolas pelo bairro. Comprava os produtos nas lojas atacadistas do Ipiranga, um bairro vizinho, sentava à máquina de costura para deixá-las mais bonitas e depois percorria as casas das redondezas com a filha, Nilma, que servia de modelo. O talento de vendedora de Neusa rendeu boa clientela. Nilma aprendeu a dirigir, assim poderia conduzir o Fusca azul da família até outros bairros. Com o dinheiro de Neusa e o seguro-desemprego de Nelson, venceram as dificuldades financeiras e até conseguiram concretizar um velho sonho do casal: terminar de construir o terceiro andar do sobrado da família, que está lá até hoje, em frente ao clube-escola da Vila Alpina, o parque onde Nelson costumava passear.

Ao vê-la desdobrar-se entre a casa, os filhos e o trabalho, Nelson reconhecia em Neusa a garota firme com quem casara, uma mulher que "andava na frente", como ele repetia. O carro-chefe. Enquanto ele esteve fora de combate, foi a esposa quem negociou com fornecedores os últimos sacos de areia, cimento e tijolos para os últimos retoques na obra da casa. Assim que Nelson voltou a trabalhar, dessa vez numa fábrica de torneiras, Neusa tomou a iniciativa de abrir a primeira conta bancária da família — isso já com mais de dez anos de casados, nos idos da década de 1980. Até então, o dinheiro que haviam conseguido era pouco e não sentiram essa necessidade. Como as finanças da casa eram sua responsabilidade, Neusa era quem movimentava a conta. Ela estudou apenas até o segundo ano do primário, mas levava jeito com os números e, ao fim de cada semana, sabia de memória até os centavos que haviam entrado e saído dos fundos familiares. Em certo momento, Neusa pensou no futuro e começou a guardar dinheiro para pagar a aposentadoria para ela e para o esposo. Os filhos estavam quase criados; era hora de pensar nos anos de mais calma que viriam.

Não contou nada a Nelson, pois sabia sua opinião sobre aposentados; ela presenciara vários dos arroubos radicais do marido, e já o ouvira dizer que "50 anos de vida está bom demais". Como iria reagir se soubesse que ela guardava as moedas suadas para um momento tão inútil da existência quanto a velhice? Como as contas eram tarefa dela, Nelson nem percebeu — além do trabalho que o absorvia, dedicava um bom tempo ao bar do Laerte, na esquina de casa. Com o dinheirinho guardado, Neusa planejava um futuro tranquilo, talvez de viagens pelo Brasil. Sonhava viajar ao Nordeste, talvez pudessem até visitar Pesqueira, sua cidade natal em Pernambuco, de onde viera ainda criança, aos 12 anos.

O lazer naqueles tempos era escasso. Saíam pouco, visitavam amigos e parentes dos arredores da Vila Prudente ou faziam as habituais viagens curtas à praia — geralmente, até a casa de Marino, em Santos —, ou até Presidente Prudente, a 600 quilômetros de São Paulo, onde vivia outro irmão de Nelson, Olívio. Resumia-se a isso. Compensavam os poucos passeios com reuniões da família em casa. Era Neusa quem convidava, assim como era ela quem mantinha acesas as amizades do casal. Quando não podiam sair, Neusa telefonava para bater papo e demonstrava vivo interesse em escutar novidades e problemas. A mulher miúda e com jeito tímido tornou-se o centro da vida social do casal. Nelson, que oscilava entre seu jeito expansivo e uma rabugice que se acentuava, até conversava um pouco com um ou outro, mas não tinha paciência para falar ao telefone. Acostumara-se a gravitar em torno das iniciativas da mulher.

Não à toa Nelson se sentia deprimido depois de internar a mulher na casa de repouso. Nenhum dos Golla tomava qualquer grande decisão sem antes escutá-la. Nilma dizia que se sentia como uma marionete nas mãos da mãe: quando percebia, fizera o que ela queria. Foi assim na hora de batizar o filho, Giovanni, cujo nome foi escolhido pela avó. Na interpretação do filho Nilson, embora a admirasse, Nelson tinha dificuldades para admitir a presença forte da mulher. Ele, então, torcia a realidade e convencia-se de que os méritos eram seus. Quando Neusa abriu a conta no banco, por exemplo, Nelson argumentou que isso se devia unicamente ao fato de ele conhecer o gerente. Se ele conseguia um novo emprego, mesmo que fosse por iniciativa da mulher, jamais admitiria. Afinal, ele era o homem da casa. Neusa não discutia. Deixá-lo com sua versão dos acontecimentos também fazia parte de seu jeito de manejar o marido.

Nelson viveu dois problemas quando foi internado para operar o joelho esquerdo, que machucara jogando futebol de areia em Santos. O primeiro foi na sala de operações, quando os médicos enganaram-se e prepararam a perna errada para a cirurgia. Mesmo já dopado, ele notou a montagem dos equipamentos ao lado da perna sadia e teve lucidez suficiente para dizer aos doutores, antes de apagar:

— Escuta, o que vocês estão fazendo aí? A perna que machuquei foi a outra!

— Como assim, a outra? — retrucou um médico, imediatamente baixando os olhos para o prontuário. — Ah, sim, estávamos só dando uma olhada, mas não é nada disso — prosseguiu, antes de fazer sinal para que a equipe mudasse os equipamentos de lado.

— Pô, mas vocês rasparam a minha perna, estava todo mundo de um lado, com o bisturi e tudo.

O ato seguinte do médico foi chamar o anestesista e, "pumba!", como Nelson costumava relatar. Ao despertar na sala de recuperação, notou, com alívio, que a perna operada fora a correta. O fato, entretanto, não passaria batido. Seria usado pelo resto da vida como argumento para comprovar as irresponsabilidades da medicina.

O último abraço

— Ia acabar com os dois joelhos ruins, se fosse pelos médicos. Eles só estão ali pela grana — dizia.

Aconteceu ainda um segundo problema nessa ocasião, durante a noite que Nelson passou no hospital, recuperando-se da cirurgia. Se a quase operação na perna errada ele contava em tom jocoso, baixava a voz para relatar o segundo acontecimento. Havia um senhor de idade no quarto de hospital ocupado por Nelson após a operação. O idoso reclamava, chiava, grunhia, chorava. Parecia sentir dor. Durante toda a tarde Nelson convocou os enfermeiros:

— Olha, o velhinho tá passando mal, não para de reclamar.
— Ele é assim mesmo, fica tranquilo — disseram-lhe.

Após chamar os enfermeiros várias vezes, Nelson desistiu e aceitou que não havia maneira de silenciar as queixas. Um enfermeiro apareceu no início da noite e anunciou, finalmente, que daria um calmante ao idoso. Antes colocaria um biombo entre as camas, para que Nelson pudesse "dormir sossegado".

De madrugada, Nelson despertou com um barulho estranho, um remexer no leito contíguo, e ficou inquieto. Quando tudo ficou mais calmo, ele puxou o biombo para espiar. Deparou com o velhinho agora bem quieto e com os olhos vidrados. Nelson aguçou o ouvido e notou que dali não saía mais barulho algum. Segundo o relato que costumava contar, pensou: "Puuuta merda, vou fingir que não sei de nada, não vou nem me mexer aqui." Estava cansado, ainda meio dopado, e adormeceu.

No dia seguinte, um enfermeiro fez uma pergunta que considerou esquisita:

— Tudo bem com o senhor? E o velhinho lá, o senhor viu alguma coisa?
— Eu não. Ver o quê? Morreu?
— É, morreu.

— Poxa vida, morreu!

No fim do dia Nelson recebeu alta e, no caminho para casa, contou a história ao filho mais velho. Ele falava em contatar a família do idoso da cama ao lado, pois tinha certeza de que deram a ele algo mais que um calmante.

— Deram um mata-leão no velhinho e ele não acordou nunca mais — dissera.

Depois de refletir um pouco, porém, desistiu de levar a história adiante. Não queria se envolver naquilo, pois não podia provar nada, justificou aos filhos. Nelson costumava relatar esse episódio se perguntassem sua opinião sobre parentes ou conhecidos seus que eventualmente desenvolvessem algum tipo de doença grave.

Nelson era ciumento e não deixava que Neusa usasse certos tipos de roupa. Não deixava que usasse brincos. Não deixava que usasse batom e não deixava que usasse maquiagem. Não admitia que a maior parte do dinheiro da casa viesse do trabalho dela. Era o típico "machão" — ou, pelo menos, foi assim que os filhos descreveram o pai.

Desde bem jovem o conceito de que deveria haver um "provedor da casa" fora inculcado nele. E essa figura só poderia ser masculina. Quando o negócio das camisolas, por exemplo, estava indo tão bem que os lucros superavam e muito seu seguro--desemprego, ele não teve dúvidas: deu um jeito de terminar com aquilo. Era esse o episódio que agora, com Neusa internada na clínica sem poder sequer beber um copo d'água sozinha, o atormentava e lhe trazia culpa.

Começou com uma discussão boba, no fim da década de 1980. Nelson insistia que a casa fora finalizada com o dinheiro que *ele* recebera, primeiro nos trabalhos ao longo dos anos e depois com o seguro-desemprego. Neusa disse ao marido que o dinheiro dela, com a revenda de produtos do Paraguai e das camisolas, também contribuíra. Ele não gostou, e a forma que encontrou para encerrar a discussão foi tentar limitar as vezes em que a mulher — àquela altura uma vendedora conhecida na Vila Prudente e nos arredores — saía para buscar clientela. Nelson estava em recuperação do joelho, e passou a demandar mais cuidados. Afinal, ela era ou não dona de casa? Ele se lembrava com amargura do que fez depois.

Ele passou a solicitar tanta atenção que a esposa notou suas intenções: era só para mantê-la em casa. Neusa reagiu — pediu para deixá-la seguir com as vendas, pois era graças a elas que estava entrando dinheiro em casa. Ela cuidava das contas, e sabia o que falava. Isso feriu o orgulho de Nelson. Ele insistiu que era dinheiro do seguro-desemprego e, com a impulsividade de sempre, explodiu.

— Vamos ver se você vende mais dessa merda aí ou se sou eu que estou dando um jeito.

O fusquinha azul em que circulavam Neusa e a filha já era famoso entre os moradores das redondezas. A dupla via o negócio prosperar, e podiam muito bem abrir uma confecção de pijamas e roupas íntimas, que compravam em atacadões e posteriormente embelezavam na máquina de costura de Neusa. Mas elas ainda dependiam do carro para adquirir as peças, e foi aí que Nelson atacou. Vendeu o veículo sem consultar a esposa ou quem quer que fosse.

— Vamos ver se agora vão conseguir continuar vendendo.

O Fusca azul (a família não esquece a placa: CNH 4051) fora comprado por Nelson e nada o impedia de revendê-lo — assim, o dinheiro que entrava na casa era o dele. Como aprendera e como havia de ser. O negócio de Neusa acabou, e ela jamais se esqueceu disso.

Durante um mês a mulher não falou com ele, e só não foi embora porque... Ninguém da família soube explicar por que ela não foi embora. Talvez porque já tivesse passado dos 50 anos, tivesse sempre vivido com Nelson e, àquela altura, não quisesse recomeçar. Talvez porque o amasse de todo modo, e quem é que explica isso? O fato é que Neusa resignou-se mais uma vez e, embora ainda fizesse atividades extras para complementar a renda e às vezes aceitasse trabalhos de costura, não mais procurou serviços que prejudicassem os afazeres domésticos.

Muitos anos depois, com o adoecimento da esposa após o primeiro AVC, Nelson se angustiava lembrando atitudes como essa. Observava a esposa caminhar com passos miúdos pela casa, sentar-se na poltrona em frente da TV e ali ficar. Ela era tão cheia de energia... Na opinião dos filhos, foi por isso que ele passou a ajudar nas tarefas de casa. Fizera cobranças severas à mulher e, em muitos momentos, a tratara com rudeza — isso agora o assombrava. Tentou compensar na cozinha, às vezes até lavava a louça, devagar.

Ele preferia usar panela de pressão, pois exigia menos de seu braço ruim. Comprou revistas de receitas e assistia a programas de culinária. Nelson agora preparava as refeições. Os cunhados se surpreendiam, as irmãs achavam estranho. Nelson ia ao mercado, fazia as compras do dia (só as do dia, o que aguentava carregar) e depois se dedicava a aprender. Neusa passava as instruções, e Nelson, quem diria, comandava o fogão.

Seguia orientações de um nutricionista. Triturava cascas de maracujá e colocava uma porção dentro do café que ele e a mulher beberiam, pois isso era bom para o diabetes. Conhecia os gostos de Neusa, portanto, carne vermelha havia sempre...

— Não vou ficar dando só sopinha pra ela. Não é isso que vai fazer com que sua mãe melhore. Tem de ser uma alimentação forte — dizia Nelson aos filhos.

O médico havia dito que era melhor evitar alimentos gordurosos por causa do colesterol, e Nelson aceitava apenas em termos.

— Você perguntou ao médico se água pode beber? — reclamava. — Se eu for ao médico, ele vai cortar até a cervejinha. Pô, tem cara que bebe e fuma até os 80 anos e não acontece nada. O que é isso?!

Desde que Nelson começara a ajudar a mulher, os filhos notaram que o casal se reaproximara. Havia no ar, geralmente antes e depois das refeições, uma cumplicidade que não lembravam ter flagrado antes. Parecia começo de namoro. Nelson fazia cafuné na esposa e beijava-lhe a testa e a pele fina do rosto. A empatia entre os dois crescia — ou, mais corretamente, estava de volta.

— Pelo menos pra isso a idade serve. Não temos mais nada pra fazer, então ficamos aqui juntos — disse Nelson certa vez.

Nelson também tentava melhorar o ambiente em casa, e para isso pregava peças na mulher e nos filhos. Às vezes comprava estalinhos de festa junina e atirava no chão para assustar quem estivesse por ali — geralmente a mulher ou Luciana, namorada do filho Junior, que vivia com eles. Comprava também uns rojões semelhantes aos que o pessoal estourava no campo de futebol na frente de casa em fins de semana. Quando a família menos esperava, no meio da tarde, BUM!, na frente de casa. Luciana e Neusa saltavam das cadeiras e gritavam para que Nelson parasse.

— Calma, gente, é só um estalinho — berrava ele da varanda do primeiro andar, onde se acomodava numa cadeira de praia e passava o tempo.

Nelson sempre gostou de pregar peças, desde adolescente — nos tempos em que ainda havia bosques na Vila Prudente, onde se escondia e assustava quem passasse na calçada. Lá na rua Torquato Tasso todos sabiam como Nelson era irrequieto. Era só isso, uma característica antiga dele que agora reaparecia na velhice. Ninguém associou com o que poderia ter acontecido depois.

A dedicação de Nelson em ajudar nos afazeres e a criar um ambiente agradável em casa retornou à sua memória em outra fase da vida, mais triste. Lembrava-se muito desses momentos de reaproximação quando Neusa piorou de vez na Novo Lar, quando sua língua atrofiou e ela teve de colocar uma sonda na narina esquerda. Ela foi instalada numa tarde de agosto de 2014, no hospital Sancta Maggiore, unidade do bairro da Mooca, também na Zona Leste de São Paulo, e Nelson sentiu o baque. Os filhos notaram que o primeiro impacto foi na duração das visitas. No início, antes da sonda, ele permanecia duas, três horas por dia ao lado do leito da mulher, mas agora mal podia aguentar 15 minutos. Para o diabo com o aparelho que entrava pelo nariz e atravessava as entranhas da esposa! Para o diabo aquela sonda, que o impedia de dar a ela comida e bebida na boca! Aquilo só a fazia sofrer.

Nem mesmo falar Neusa podia. E logo ela, que gostava de ficar ao telefone, saber as novidades da família.

— Para o inferno, isso aí! — esbravejou Nelson aos filhos.

Agora ela não podia nem manifestar o que queria: se estava com fome, sede, ou se queria saber alguma coisa, se tinha dúvida ou alguma curiosidade. Aquela sonda era o fim. Nelson se esforçou muito nos anos anteriores para mudar posturas que pareciam petrificadas ao longo de toda a vida. Mas aquilo era demais. Como ele disse dias depois que o aparato fora instalado na mulher:

— Aquela sonda me matou.

5.

Era uma noite agradável de sábado, primavera em São Paulo, e Nelson estava em casa, sozinho. O filho Junior e a namorada, Luciana, que viviam com ele no sobrado em frente ao parque, já haviam saído. Nos últimos dias, Nelson seguira a rotina de sempre: por volta das 15 horas, visitava a mulher na casa de repouso, ficava pouco tempo, porque já não aguentava mais, e voltava para casa. Havia um único detalhe que destoava, uma ligeira modificação nos hábitos de Nelson, que naqueles dias foi ignorado. Antes de dirigir-se à clínica, ele costumava telefonar aos netos mais velhos, filhos de Nilma: Giovanni, que tinha 20 anos, e Bruno, de 17. O celular tocava sempre por volta das 14h30.

— Giovanni, Bruno, vocês vão? Estou saindo, pego vocês na frente do prédio.

Nelson não tinha paciência para esperar e, se os netos não estivessem lá, seguia direto à clínica. Nos últimos dias, porém, ele não telefonou. Para ser exato (mais tarde se esforçariam para relembrar os detalhes), o avô não havia ligado nos últimos três dias: nem quinta, nem sexta, nem sábado. Os jovens estranharam, mas acreditaram que ele esquecera, e ocuparam-se de outros afazeres — as visitas à avó eram, afinal, sempre sofridas, ela já não falava, e eles todos saíam de lá cabisbaixos.

O avô não telefonou porque preferia estar sozinho com Neusa naqueles dias. Vestia sempre a mesma calça folgada, e ninguém notou o que levava nos bolsos. Três dias haviam-se passado, e ele ainda não tivera coragem de concretizar o plano de acabar com a vida da mulher e com a dele. Martirizava-se, incapaz de finalmente tomar uma decisão. Agora era sábado, e Nelson estava só em casa, assistindo a uma reprise de futebol na TV. Deixara acertado com o filho Junior e com Luciana que faria o almoço de domingo, nada muito especial, talvez um estrogonofe, pois agora eram vários os pratos que sabia fazer.

Afundado na "poltrona do papai" — um presente do filho Nilson que acabou utilizado principalmente por Neusa —, deixou os pensamentos derivarem para a situação da esposa. Ela quase não levantava daquela poltrona antes de ser internada na Novo Lar, sua segunda casa de repouso. Desde que ela caíra doente, quatro anos antes, Nelson fizera o possível para aguentar firme — visitava-a diariamente, fosse Natal ou dia de jogo do São Paulo, o seu time. Mas era cada vez mais difícil. Desesperava-se por não aguentar meia hora ao lado da mulher com quem passara a vida. Seu conforto era poder levar no bolso, sempre escondido das enfermeiras, a bisnaguinha que enchia de água ou de água de coco, pequeno alívio que podia oferecer à esposa.

— Experimenta ficar um dia com sede e não beber água — justificava-se aos filhos, quando eles o advertiam de que a mãe podia broncoaspirar (uma palavra que aprenderam com as enfermeiras) e pegar uma pneumonia.

Quando a enfermeira do turno saía de perto, Nelson apertava a bisnaga (um recipiente de plástico parecido com um de colírio oftalmológico, porém mais volumoso, como mais tarde notou a polícia) e espirrava a água de coco na boca da mulher:

O último abraço

— Saem umas gotinhas só, não dá nem pra engasgar com aquilo — dizia.

Com frequência, Nelson chorava no caminho de volta a casa, enquanto conduzia o Celta vermelho da família a duras penas, por causa do braço. Recordava os pedidos da esposa a ele e aos filhos quando ainda podia falar.

— Me leva para casa — dizia Neusa. — Não aguento mais ficar aqui.

Eles tinham de ignorar. Isso também o "matava", como dizia.

— Sua mãe quer ir embora, coitada. O que a gente faz? — perguntava aos filhos.

Ele ficava desesperado porque era um pedido recorrente.

— Pega uma enfermeira, paga, leva lá pra casa — pedia ela.

— Já tentamos, Neusa, não tem como levar pra casa, tem que ter enfermeira 24 horas e a gente não tem condições. Aqui você tem três enfermeiras que se revezam, de noite, de manhã, de tarde — respondia ele. — Não posso pagar nem uma, como é que vou pagar três? Não tem jeito, Neusa.

Neusa já não falava mais nada. Permanecia deitada no quarto de número 03 e fitava o marido com olhar triste.

— Ela só ficava olhando para ele o tempo todo, era só o que fazia nas visitas naquela época — disse-me a enfermeira Luciane Teodoro, dona da casa de repouso Novo Lar, relembrando o que testemunhou naqueles dias.

Ao observar sua situação, Nelson questionava muitas atitudes que assumiu na vida. Ele sempre disse aos filhos que trabalhassem o máximo possível: de manhã, de tarde, de noite; aos sábados, domingos, feriados. Jornadas duplas ou triplas, na firma em que estivessem, fazendo horas extras e ainda na construção da casa. O interminável bater de martelo, carregar de sacos de cimento, empurrar de carrinhos de mão repletos de tijolos, trabalho pesado que durou trinta anos e arrebentou a coluna de duas pessoas. Mas, enquanto o corpo aguenta, por que não continuar?

— Trabalhem tudo o que puderem pra juntar dinheiro. Depois, quando vocês estiverem velhos, estarão sossegados — costumava dizer.

Neusa concordava com o marido e acreditava que o momento de descansar ainda viria.

— Quando a gente ficar velhinhos juntos, vai ser a hora de aproveitar — dizia ela.

Pois a velhice havia chegado, e Nelson lamentava.

— Podíamos descansar, mas cadê a mulher? E esse meu braço e minhas costas? Não aproveitamos é nada!

Para tentar se confortar, ele se corrigia e refletia que eles aproveitaram, sim — um pouco. Tiveram cinco anos de descanso, pelos seus cálculos. Foram os anos anteriores ao primeiro AVC, quando adquiriram o hábito de fazer pelo menos uma viagem por semestre. Foi um tempo bom. Dias antes dos passeios, Neusa já tinha as malas prontas. Nelson também ficava satisfeito. Ele não admitia, inventava alguma implicância, queria fazer parecer que aceitava o passeio a contragosto. Apenas mais uma de suas birras que Neusa ignorava, pois conhecia o marido. Inscreveram-se numa agência de viagens num bairro vizinho, na Vila Zelina, que telefonava oferecendo passeios.

Foram três vezes a Caldas Novas, em Goiás, onde ficaram hospedados numa estância termal e fizeram caminhadas na natureza. Foram a Conservatória, no Rio de Janeiro, perto de Volta Redonda, onde visitaram o museu de Vicente Celestino, um dos ídolos de Neusa na juventude. Foram a Atibaia, onde ficaram num hotel-fazenda e fizeram turismo rural. Nessas viagens,

O último abraço

Neusa viu se acentuar uma faceta curiosa do marido. Era um homem afável com estranhos e muitas vezes fazia amizades nos hotéis em que se hospedavam. Passavam três, quatro dias passeando com um casal de novos amigos e trocavam intimidades. Almoçavam e jantavam juntos, batiam papo. Ao chegar a hora de ir embora, porém, Nelson acordava mais cedo, trancava-se no quarto, fugia do alcance dessas pessoas — como ele dizia, "se tornava inimigo" delas. Tudo para não ter de se despedir dos novos conhecidos. Bastava que ele criasse intimidade, por menor que fosse, para se emocionar a cada vez que partia. Era uma manteiga derretida, como diziam os netos. Nas visitas ao irmão Olívio, em Presidente Prudente, Nelson ficava só um fim de semana e, mesmo sabendo que voltaria dali a algumas semanas, não conseguia se despedir.

Lidar com emoções não era seu forte. No casamento do filho Nilson, nem quis entrar na igreja. Ficou do lado de fora, fumando (ele ainda fumava), tentando dissipar a emoção. Os netos notavam que um único dia na companhia de alguém querido era suficiente para que, no fim da visita, o avô se esquivasse.

— Ele não aguentava. Você olhava para a cara dele e ele saía de perto. Era sempre assim — contou-me o neto Giovanni Golla, num bar de esquina na Vila Carrão, perto de onde ele trabalha, na Zona Leste de São Paulo. — Por trás daquela pose de machão, o vô sempre foi um chorão.

Nelson levou algum tempo para se acostumar, principalmente para se permitir gastar dinheiro com isso, mas logo pegou gosto pelas viagens com a esposa. Eram todas pagas com sua aposentadoria — ele agora agradecia à mulher por ter providenciado a reserva. Neusa era boa em organizar a vida de Nelson. Foi o dinheiro extra que proporcionou a primeira e única viagem de avião do casal. O cunhado Paçoca propôs um passeio a Pernambuco, de onde a mãe dele e de Neusa havia saído com os filhos. Fazia mais de quarenta anos que Neusa viera para São Paulo e jamais retornara a Pesqueira. Ela ficou radiante com o convite, e mais feliz ainda quando Nelson aceitou. Ele pensava na viagem de avião. Morria de medo, mas o que poderia dar errado? Rezaria antes e durante a viagem, e sairia tudo bem.

Ficaram quinze dias em Pernambuco. O álbum de fotos que a filha, Nilma, guarda em seu apartamento na Vila Ema, a 3 quilômetros da casa dos pais, mostra uma típica viagem de retorno, em que visitaram pontos turísticos e velhos lugares da memória familiar. Neusa reviu o clube onde deu os primeiros passos de dança, a igreja na qual foi batizada, num bairro chamado Aldeia Velha, a primeira casa em que morou com a família e a fábrica de doces onde fizera alguns bicos. Visitaram o cemitério onde estava enterrado o pai de Neusa, que se chamava Antonio e morreu quando ela era pequena. Nelson quis bater uma foto com o pároco local — naquela época ele ainda respeitava os religiosos. Vê-se também Nelson na cabine do avião, com o sorriso bonachão que puxa para a esquerda e os óculos de aviador comprados para a ocasião. Ele gostou tanto que, ao voltar, passou a dizer que, "se pudesse, ia de avião até a feira".

Os filhos incentivavam, e os passeios do casal tornaram-se rotina. Era para viverem aqueles momentos, afinal, que tanto trabalharam. A casa estava praticamente pronta. Nelson já se aposentara e deixara aos filhos uma oficina mecânica especializada no conserto de eixos cardan — peça que transmite a tração do motor às rodas do veículo. Nilson e Junior agora tocavam o negócio. Nilma terminara o magistério e dava aulas de português para crianças até a quarta série numa escola estadual do bairro. Ela já estava casada. Nelson e Neusa podiam aproveitar.

Não era hora de Neusa ficar tão mal. O doente era ele, e não a mulher. Por isso o baque quando ela começou a piorar, após o primeiro AVC. E agora era Nelson quem a instigava a viajar. Ele se arrependia das vezes que negara, por não querer gastar dinheiro, por preguiça ou birra:

— Você não queria viajar? Então vamos! Quero também!

Ela, contudo, já não tinha disposição. Ficava longas horas sentada na poltrona do papai, assistia à TV e caminhava o menos possível.

Neusa não aceitava usar andador nem bengala, e um dia a situação se complicou. Nelson lavava louça na cozinha quando escutou um estrondo. Foi até a sala o mais rápido que pôde e viu a mulher no chão, gemendo. Ela perdera o equilíbrio no caminho entre o banheiro e a poltrona e tentara se apoiar na mesa da sala. Sua mão esquerda escapara e ela caíra. Nelson se agachou ao lado da mulher e tentou levantá-la, mas — maldito braço — não conseguiu. Gritou pelos filhos, que subiram aos pulos a escada da oficina para acudir a mãe. Ergueram-na e a puseram sentada na poltrona.

Não tiveram paciência para esperar a ambulância e levaram-na escada abaixo sentada na própria poltrona. Neusa gemia de dor enquanto o carro sacolejava de hospital em hospital, pois não havia vagas. As ruas esburacadas da região também não ajudavam. Finalmente encontraram um leito no Albert Sabin, em São Caetano, onde os médicos diagnosticaram fratura do úmero e da patela. Havia quebrado o ombro e o joelho esquerdos. Neusa reclamava muito de dor, e Nelson não conseguia permanecer ao lado dela no quarto coletivo onde a haviam colocado. Os filhos se espantavam. Foi a primeira vez que viram a mãe totalmente entregue:

— Foi estranho ver uma mulher como ela assim, como se dissesse: "Vão, façam o que quiserem fazer comigo, podem fazer" — disse-me Nilson quando o encontrei numa lanchonete na Vila Prudente e pedi que relembrasse o que havia acontecido com os pais.

Nelson fazia alguma graça para tentar animá-la, mas logo virava o rosto, emocionado, e deixava o quarto. Não falava com os médicos.

Neusa fez duas cirurgias para colocar pinos e uma placa de titânio no joelho e no ombro; passou vinte dias internada no Hospital Ipiranga. Nelson não foi visitá-la. Era algo provisório; ela logo voltaria para casa, não tinha por que se impregnar de cheiro de hospital. Não via razão para ir até lá só para ver a mulher acamada. Os filhos visitariam a mãe, e, logo que voltasse e melhorasse, ela estaria novamente junto dele, em casa.

Dias antes da alta, os filhos ouviram de um médico que a recuperação não seria simples e que Neusa precisaria de muitas sessões de fisioterapia para continuar caminhando. Nilson, Nilma e Junior anteviram um problema: já fazia mais de um ano desde que a mãe tivera o primeiro AVC e, em casa, quase não fazia os exercícios recomendados. Dizia que não precisava daquilo. Nelson tampouco insistia — acreditava que bastava alimentar-se bem e tudo melhoraria. O médico prosseguiu no diagnóstico e relatou que ela precisaria de cuidado integral de enfermaria: teria de usar fralda geriátrica, por exemplo, e não conseguiria mais tomar banho sozinha. Havia algumas saídas: podiam contratar um cuidador para ficar com Neusa ou interná-la numa casa de repouso até que se recuperasse. Havia também a opção de algum dos filhos deixar o emprego. Nelson até podia ajudar, mas com aquele braço não poderia dar à mulher os cuidados de que necessitava.

Aquele primeiro ano com a mãe debilitada em casa tinha sido difícil, e os filhos estavam cansados. Eram os idos de 2011. Optaram pela casa de repouso. O médico previu três meses de recuperação, apenas. Eles tinham dinheiro para a despesa, e pareceu-lhes uma boa solução. Nilson e sua mulher, Magali, se informaram e souberam de um local chamado Raio de Sol, em São Caetano, distante 9 quilômetros da casa da família. Tinha boa área verde, piscina, sala de fisioterapia. Oferecia atividades culturais, visitas médicas regulares, quarto com apenas um ou dois ocupantes. A Raio de Sol aceitava visitas diárias para familiares — isso não seria problema. Nilson apresentou a sugestão aos pais e o drama cresceu. Ao confrontar-se com a ideia de ser internada, o vigor voltou às opiniões de Neusa.

— Vocês vão me levar para um asilo? Isso é coisa para louco. Não quero ir para asilo, vocês vão me largar lá! Vão me abandonar.

— Mãe, a senhora está ruim. Se a senhora for para casa, a gente não sabe trocar fralda. Não sabemos como fazer tudo o que a senhora precisa — disse o filho mais velho, que assumiu a responsabilidade de convencer Neusa.

Nelson não quis participar da discussão.

Ao relembrar a história tempos depois, Nilson disse acreditar que a mãe deixou-se convencer quando os filhos falaram que não era asilo, mas sim uma clínica de enfermagem. Ele acredita ter sido a única opção possível, já que ninguém podia deixar o trabalho, e mantê-la em casa com um cuidador 24 horas por dia levaria a família à falência.

— Usamos a razão: não podíamos manter a mamãe dentro de casa simplesmente por paixão, por querer que ela ficasse — confessou-me Nilson. — O melhor para ela naquele momento era se recuperar numa clínica, onde teria todo o cuidado, o tempo todo. E era para ter sido por apenas três meses.

Quando recebeu alta do hospital, levaram-na à Raio de Sol, sua primeira casa de repouso, nos últimos meses de 2011.

Criou-se um novo hábito na vida de Nelson: as visitas diárias à esposa. No início, ele reagiu mal. Acostumar-se com um ambiente daqueles seria difícil para um homem como Nelson; levaria algum tempo. Ele imaginava o lugar como via em novelas na TV: ordeiro, idosos caminhando pensativos no campo, outros jogando cartas ou xadrez. A realidade era mais diversa — havia quem jogasse damas e dominó, mas também gritos, queixas, homens que circulavam falando sozinhos. Um dia Nelson encerrou a visita um pouco antes. Voltou para casa furioso.

— Vocês erraram, Nilson! Só tem louco ali, gente largada, gritando AAAH, AAAH. O que é isso? Sua mãe está num lugar de loucos! Vocês erraram!

Neusa, por sua vez, tinha dificuldades em aceitar a nova condição:

— Estou numa casa de loucos — reclamava para os filhos.

Eles perceberam que a depressão — uma sombra que já se avizinhava desde a morte da irmã, antes do primeiro AVC — voltava a se manifestar com força. Neusa não tinha impedimentos físicos, mas comia cada vez menos e caminhava pouco.

Diariamente, por volta das 16 horas, Nelson dirigia até São Caetano para visitá-la na Raio de Sol. Ficava até três horas por dia na clínica e costumava levar alguma surpresa, numa tentativa de alegrar a mulher. Milho-verde cozido, salgados de padaria, chocolates e caramelos — sempre dietéticos, por causa do diabetes. Como Nelson passava bastante tempo na clínica, as enfermeiras advertiram a família: ele tratava a mulher com excesso de zelo; era preciso cuidado para que ela não se tornasse dependente dos cuidados do marido. Dava-lhe comida na boca (as enfermeiras diziam que não precisava) e não insistia para que ela se exercitasse, caso não quisesse. Como a vontade de se movimentar só diminuía (as enfermeiras advertiam que era a depressão), Neusa acabava ficando ali mesmo, sentada ou deitada. Já se haviam passado mais de três meses, o joelho e o ombro cicatrizaram, mas o ânimo não melhorava. Para as enfermeiras, os cuidados de Nelson, ainda que com a melhor das intenções, deixavam a mãe "preguiçosa", como disseram aos filhos. Nelson recebeu advertências de que não desse comida na boca da mulher, mas isso não o impediu de continuar — disse aos filhos e às enfermeiras que sabia como tomar conta da mulher com quem era casado havia mais de quarenta anos, que ela queria assim e, por isso, continuaria fazendo suas vontades. Fazia aquilo para ajudá-la, nada mais, e que os deixassem em paz, segundo disse aos filhos.

Nos fins de semana, a família tirava Neusa da clínica para passeios de carro. Se Nilson fosse junto, era garantia de discussões, às vezes de brigas. Ele insistia que a mãe saísse do veículo, mas àquela altura Neusa não queria saber de caminhar, sentia dores, tinha dificuldade. Eles levavam no carro a cadeira de rodas, mas ela desprezava o equipamento — tinha vergonha.

— Só vim passear de carro. Sempre alguém fica olhando quando estou nessa coisa — justificava.

Nelson apoiava a mulher e dizia que não precisavam mesmo sair do automóvel.

— Ela não quer, Nilson! Você, em vez de melhorar a situação, piora — disse certa vez. — Não venho mais, é a última vez.

Na ocasião, o filho mais velho havia conduzido os pais até o Sacolão da Mooca, um entreposto comercial de frutas, verduras e condimentos que em outras épocas a mãe adorava.

— Fui brincando, fingi que ia abraçá-la e, quando ela viu, estava sentada na cadeira de rodas. Meu pai esbravejava: "Não precisa descer, ela não quer descer!" E dizia que era para parar de insistir, mas não parei — relembrou Nilson. — Se ferrou, mãe! Agora você vai passear comigo pelo sacolão.

É uma lembrança guardada com carinho por Nilson:

— Aquele dia foi bom, porque ela ficou bastante tempo passeando. Uma hora falei: "Mãe, vamos embora?" Ela negou, disse que queria ver as frutas e os peixes, pois nem lembrava mais como eram. Ela ficou tão feliz... Custa fazer esse tipo de enganação, dizer que não vai tirar do carro, mas forçar um pouquinho? É o que faz a pessoa reagir — disse-me Nilson. — Pena não ter insistido.

Ele tentou por mais algum tempo, mas acabou por prevalecer a vontade de Neusa, com o apoio do marido — ela faria apenas o que tivesse vontade, e cadeira de rodas não entrava nesse rol. Nilson tentou levá-los ao Sesc Belenzinho, um centro cultural na Zona Leste de São Paulo, e ao Shopping da Mooca, mas nos dois casos não saíram do estacionamento.

O passeio mais comum nos fins de semana passou a ser de carro, sem que precisassem sair do Celta vermelho. Nelson dirigia, Neusa sentava ao seu lado, e no banco traseiro iam os netos Giovanni e Bruno. Na lembrança dos netos, a avó sorria bastante e passava o tempo com o rosto grudado no vidro, olhando para fora. Giovanni criou um hábito para animar a avó nesses passeios. Assim que ela embicasse na saída da clínica, caminhando com dificuldade e sempre com o avô do lado segurando-lhe o braço, ele começava a entoar um funk da moda: "Ela não anda, ela desfila, ela é top, é capa de revista!" Neusa aproximava-se do carro já rindo e recebia abraços e beijos dos netos que ajudara a criar e que agora a ultrapassavam em altura.

— Para, Giovanni! Para, Bruno! Já falei que essa música me deixa com vergonha!

Neusa pedia sempre que "pegassem estrada" — que deixassem a capital paulista e se dirigissem às rodovias que levam ao interior do estado.

— Por que isso, Neusa? — perguntou Nelson certa vez.

— Me lembra das viagens que fizemos — respondeu.

Nelson guiava até a Rodovia Fernão Dias, que liga São Paulo a Minas Gerais. Depois de 40 minutos de estrada, invariavelmente faziam uma parada no Rancho da Pamonha, rede de restaurantes de beira de estrada muito presente em rodovias da região sudeste do Brasil. Havia produtos artesanais, bons sanduíches e um restaurante. O lugar ainda trazia boas lembranças: era onde Nelson e Neusa levavam os netos quando recebiam o pagamento nos tempos em que faziam figuração em novelas e minisséries para emissoras de TV locais — uma "mania", como Nelson chamava, "que veio e foi na nossa vida". Agora eles passavam boas horas ali, antes de levar Neusa de volta à clínica Raio de Sol. Antes de partirem, Nelson comprava um coco verde para que a mulher pudesse beber direto do fruto, de canudinho. Era uma de suas bebidas preferidas. Ele comprava ainda um segundo coco, para que Neusa levasse para a clínica e bebesse mais tarde, quando sentisse sede.

Não foi fácil o retorno de Neusa para casa. A previsão dos médicos é que ela voltasse caminhando dentro de três meses, mas oito se passaram até que ela subisse novamente as escadas do sobrado. Venceu os degraus devagarinho, amparada pelos filhos. A decisão de trazê-la de volta se deu por duas razões: ela pedia insistentemente e as enfermeiras da Raio de Sol começaram a dizer que, na clínica, com tantos cuidados em volta, Neusa ficaria sempre dependente. Seu problema era mais psicológico do que com sua forma física, e bastava que tratasse a depressão, rodeada daqueles que a amam, para que melhorasse.

Enquanto ela ainda estava internada na clínica, um médico a examinou e insistiu:

— Mas a senhora já operou há meses. O que está fazendo na cadeira de rodas?

Neusa permaneceu calada.

— Por que a senhora não está se mexendo? Já era para a senhora estar andando.

— É porque dói.

— Se a senhora continuar desse jeito, vai morrer na cadeira de rodas. Olhei seus exames, está tudo certo. A senhora não tem nada.

Neusa continuou olhando para o chão, quieta. O filho Nilson, que a acompanhava, reclamou com o médico por causa de seu modo grosseiro, e saiu dali. Ele deveria estar de mau humor para tratá-la daquele jeito, só podia. Mas depois, em casa, refletiu e deu razão ao doutor. Se as enfermeiras diziam que o problema era a depressão e um médico analisara os exames e dissera que tudo ia bem, não havia por que duvidar. Encontraram uma cuidadora (R$ 1,5 mil por mês, mais barato do que a clínica) e decidiram tirá-la da Raio de Sol.

Nelson ficou satisfeito com a notícia de que a mulher voltaria para casa. Acreditou que ela em breve estaria curada. Ficaria o tempo todo junto com ela, que dentro de pouco tempo voltaria a ser a Neusa de sempre.

O último abraço

No entanto, aconteceu justamente o contrário. Neusa voltou para casa, mas caminhava ainda menos — sempre amparada pela cuidadora, pelo marido ou pelos filhos, nunca com a bengala ou andador —, e agora nem mesmo a poltrona do papai servia. Queria ficar deitada na cama o dia inteiro, assim como na casa de repouso. Mesmo que a dieta preparada por Nelson fosse "forte", como ele dizia, ela emagreceu muito, e os netos se acostumaram a ver a avó como uma senhora frágil. Bem diferente daquela avó robusta que os ajudou a criar.

Nilson dedicou-se a investigar as causas da decaída da mãe. Levou-a a psicólogos, psiquiatras e neurologistas — foram pelo menos quatro profissionais, segundo me disse —, e conseguiu uma gorda receita medicamentosa. Além dos remédios para diabetes e pressão alta, Neusa passou a tomar um suplemento de cálcio, um relaxante muscular para as dores e Rivotril para a depressão. Para dormir, tomava Flunitrazepam, poderoso calmante que ficou conhecido no Brasil por sua utilização em golpes do Boa Noite, Cinderela. O médico indicou no máximo quatro gotas do calmante, mas Neusa tomava oito, e ainda assim tinha dificuldades para pegar no sono. Queixava-se de tudo: dores, claridade, barulho.

Neusa passava a maior parte do dia e da noite no quarto. Nelson, a essa altura, já não sabia o que fazer. Sentia-se útil, porque a mulher — que começava a ter dificuldades para falar — muitas vezes só se acalmava na sua presença. Pedia ao marido que colocasse música, e ele já sabia quais CDs ela queria ouvir: ou a coletânea de canções do padre Marcelo Rossi ou o CD caseiro produzido por amigos da igreja São Pedro Apóstolo, na Mooca. Era onde Nelson, com aquele vozeirão, cantara no coral durante quatro anos. Neusa adorava acompanhar o marido nos ensaios e nas missas — deixava-o triste, apenas, o fato de que os frequentadores da paróquia mal se cumprimentavam ao sair.

— Mesma igreja, mesmo padre, mesmo Deus... E quando acaba vai cada um para um lado? Cada um vira inimigo assim do outro? Mas o que é isso? — repetia Nelson.

Era satisfatório que a mulher quisesse ouvir seu CD, mas ele sabia que as coisas não iam bem. Neusa pedia, com frequência, para ficar sozinha no quarto, com janelas e portas fechadas, na escuridão.

— Não vou dormir, só não quero ouvir a voz de ninguém — dizia.

Nelson era o único a entrar quando ela tinha esses humores. Os filhos instalaram uma babá eletrônica e escutaram algumas conversas dos pais nessas ocasiões.

— Neusa, o que você tem?

— ...

— Você quer alguma coisa?

— ...

— Neusa, os filhos estão nervosos, querem que a gente vá a outros médicos.

— Não.

— Mas eles estão só tentando ver se você melhora com outro remédio. Então você tem que se incentivar, tudo bem?

Neusa falava pouco nessa época. "Li-ga o rá-di-o", dizia, e logo depois podia voltar atrás: "O rá-di-o in-co-mo-dan-do", recordava Nilson. Pela babá eletrônica, ele e os irmãos ouviam os pais rezarem juntos. "Pai nosso... Creio em Deus pai... Salve Rainha...", entoava Nelson aos sussurros. Neusa acompanhava da maneira que agora conseguia, numa fala minguante. Durante horas, ele lia para ela o *Ágape*, do padre Marcelo Rossi, ou um livreto com "gotas de sabedoria" — leitura que Nelson apreciava.

O último abraço

Contava à mulher os assuntos rotineiros, um estímulo para que reagisse. Ela às vezes participava.

Quando a esposa dormia, Nelson saía do quarto, sentava-se no sofá e ali ficava até cochilar. Muitas vezes dormia a noite toda sentado, com a cabeça apoiada no ombro, as pernas esticadas, os braços cruzados no colo. Nelson não deitava na cama porque o sono de Neusa era leve e porque nunca fizera o tratamento para o ronco que prometera à mulher. De madrugada ia até o quarto para cobri-la. Sabia que a esposa sentia calor nos pés, e por isso dormia com eles descobertos, mas no meio da noite podia sentir frio. Ele despertava, levantava-se e jogava o cobertor em cima da mulher com o braço bom.

Duas cuidadoras passaram pela casa dos Golla. A primeira delas adoeceu e deixou o posto em poucas semanas. Quem mais ficou foi dona Rita, que até começou bem, mas caiu em desgraça com Neusa ao perguntar se podia cozinhar para a família — o marido incluído. Dona Rita cozinhava bem — e esse foi outro problema. Não demorou para que Neusa começasse a implicar com ela.

— Nilson, ela me empurrou — queixou-se.

— Junior, ela me pegou de jeito, me empurrou — prosseguiu.

— Ela cuspiu na minha comida — adicionou.

Nelson perguntou por que razão ela não permitia que dona Rita a levasse ao banheiro ou desse banho nela, e a resposta foi:

— Não gosto dessa mulher.

O filho Nilson passara um tempo espiando o trabalho de Rita e concluíra que a mãe, simplesmente, não queria que um estranho cuidasse dela. Neusa um dia jogou-se ao chão quando a cuidadora tentava levá-la até a poltrona na sala e não deixou que a levantasse mais. Dona Rita foi embora com tanta pressa que esqueceu um par de chinelos.

Se com cuidadores não havia funcionado, eles mesmos tomariam conta de Neusa. Nilson imprimiu uma escala em que cada filho passaria uma noite da semana com a mãe. Sua mulher, Magali, e a namorada de Junior, Luciana, além de Nilma, seriam responsáveis pelos banhos. Neusa enrolava a fala e se queixava de dores no pescoço, no peito, nas pernas. Não andava e não comia sozinha. Chamava pelos filhos o dia todo para que arrumassem o travesseiro, a levassem ao banheiro e ao sofá, mudassem sua posição no sofá, trocassem sua posição outra vez, fossem à farmácia e a levassem ao médico. Nelson cozinhava, cortava tudo em pedaços pequenos e dava-lhe a comida — não seguiu a recomendação das enfermeiras de deixar que ela se alimentasse sozinha. Instalaram barras de acessibilidade no banheiro e todos aprenderam a trocar fraldas geriátricas. Nessa época, os filhos notaram que Nelson, muitas vezes, escondia o choro.

— Tenho algo no olho — dizia, virando-se para o lado a fim de disfarçar.

Depois de alguns meses, Neusa piorou e, do quarto, passou a gritar. Era dor ou algum incômodo, os filhos nunca entenderam bem. Parado junto à porta fechada, Nilson escutava gemidos que prosseguiam durante horas.

— Parecia criança. Regrediu muito — contou-me.

Neusa queixava-se de sonolência e confusão pela manhã.

— Fico toda grogue e borocoxô — dizia.

Os filhos diminuíram a quantidade de remédios. Não consultaram médicos, decidiram sozinhos. Queriam proteger o estômago dela, justificaram depois.

Nos piores momentos, Neusa não queria ouvir nada, nem os CDs de padre Marcelo nem as gravações de Nelson. Gritava e grunhia de dentro do quarto. "Ela sentia uma agonia muito forte, que ninguém nunca explicou", disse-me Nilson. Foi nessa época que Neusa disse pela primeira vez algo que o filho não esqueceria. Falou com dificuldade, mas de forma clara:

— Quero morrer! Apague essas luzes e me deixe.

Foi Nilson quem tomou a iniciativa de procurar a segunda casa de repouso, no início de dezembro de 2013. Quando Neusa parou de vez de sair da cama, os filhos concordaram que não podiam mais cuidar da mãe. Lembraram que a tia Durvalina, irmã de Nelson, havia ficado em uma clínica perto dali. A prima Antônia confirmou que cuidaram bem de sua mãe por lá. Nilson anotou na agenda: Clínica Novo Lar, no Parque São Lucas, a 3 quilômetros de casa. Após telefonar e descobrir que havia vaga, os filhos concordaram que era o melhor a fazer. Faltava comunicar a decisão aos pais.

— Mãe, vamos colocar a senhora numa casa de repouso — disse Nilson à mãe, segundo me contou. — Não vou trocar a senhora na cama. A senhora está num ponto que não consegue mais sair da cama. Lá é o melhor lugar para que a senhora se recupere — continuou.

Neusa não aceitou. Nilson se emociona ao lembrar o que veio depois.

— Falei pra ela da tia Durvalina, que havia ficado lá, falei que teria um quarto para ela, e disse que era isso, não tinha discussão. Íamos levá-la pra lá. Com muito sacrifício, ela acabou aceitando. Quase que à força.

Faltava consultar o pai, que eles não sabiam como reagiria. Nessa época, Nelson perdia a calma com frequência, porque Neusa não apresentava melhoras. Será que partilharia da crença de que o melhor seria levá-la a um lugar especializado?

Ele não recebeu bem a decisão.

— A gente estava se virando bem aqui! Vocês é que não estão nem aí pra sua mãe! — esbravejou contra o filho mais velho. Ao notar que a decisão estava tomada por aqueles que tinham condições de cuidar dela o dia todo, mandou-os "para o diabo" e saiu de casa. Voltou um tempo depois e não disse nada além de que visitaria a mulher "sempre que quisesse".

— Vou lá todo dia, e não quero nem saber — disse.

Os filhos não discutiram. Nelson passaria alguns dias sem dirigir a palavra a ninguém. Antes, deixou um recado amargurado.

— Pode deixar que quando for minha vez vocês não vão precisar passar por nada disso.

6.

Nelson despediu-se do filho Junior com um aceno de mão e um insuspeito "falou" naquele sábado, véspera do dia em que decidiu morrer. Era 27 de setembro de 2014, 22 ou 23 horas, segundo o caçula me contou tempos depois, relembrando o que acontecera. Nelson nem levantou da poltrona, onde ficaria ainda por horas e onde mais tarde pegou no sono. Junior combinou que ligaria na manhã do domingo, avisando se ele e a namorada, Luciana, iriam almoçar ou não em casa. O filho admirava no pai a capacidade de aprendizado: como em tudo na vida, mostrara-se um autodidata também na cozinha. No início era tão sem jeito, mas agora se virava bem — ou, como Nelson diria, "não passava vergonha". Luciana insistia que o sogro escrevesse um livro de receitas para panela de pressão. Risoto com carne era sua especialidade.

Junior é o filho temporão de Nelson e de Neusa — onze anos mais novo que Nilma e catorze anos a menos do que Nilson —, e ao longo de anos carregou o apelido Bolinha, por causa do talento no futebol. Ele jogava na meia esquerda e passou por todas as categorias de base do Corinthians. Chegou a se profissionalizar na equipe do São Bernardo, mas a certa altura desistiu do futebol. Desiludiu-se com tantos empresários e pistolões. Assumiu a oficina do pai com o irmão, e nos últimos anos tem se dedicado também a outra paixão: é DJ de festas Rockabilly, e tem um

Chevrolet ano 1951, que aluga para eventos. O pai achou "uma papagaiada besta" quando soube da compra do carro antigo, mas depois que Junior restaurou o veículo todo, Nelson rendeu-se.

— Eta, coisa linda! — dizia, acariciando a lataria do veículo preto.

O caçula é o único filho que sempre viveu na casa dos pais. A namorada, nos últimos tempos, também. Como estava ali o tempo todo, Junior acompanhava de perto as reações de Nelson à doença da mãe. Estranhou quando, em uma noite de julho daquele 2014, o pai subiu ao terceiro andar da casa — que de salão de festas reduzira-se a despensa — e começou a reunir pertences em caixas de papelão. Livros de autoajuda, fitas VHS com programas de auditório, algumas roupas.

— Ué, pai, pra que isso? Vai viajar? Vai se mudar?

Nelson respondeu que doaria tudo, porque não precisava mais daquelas tralhas. Luciana imaginou que era uma resposta a críticas recentes que fez de que a casa, agora tocada apenas pelos homens, andava muito bagunçada. Alguns dias depois Nelson deu a Junior cerca de R$ 5 mil, que havia sacado da aposentadoria, para que o filho guardasse fora do banco. Não queria que ninguém mexesse na conta conjunta da família. Ofereceu também a Junior um relógio de pulso com o qual o filho brincava quando criança. O caçula atribuiu o gesto à tristeza que crescia no pai desde que levaram Neusa para a Novo Lar, meses antes, e aceitou o presente sem questionar.

Na clínica, a assiduidade de Nelson continuava a mesma, assim como o bom trato com os funcionários. Mas ele ressentia-se muito de deixar a esposa internada. O que poderia fazer? Os filhos não tinham condições de cuidar da mãe em casa, e ele próprio, sozinho, não daria conta. Estava revoltado e desesperançoso; pensava cada vez mais na ideia que formara sobre casas de repouso. Ele dizia que aqueles lugares não proporcionavam paz nem descanso, que não passavam de depósitos de velhos e só serviam para enriquecer os donos. Para os médicos que davam consultas regulares nessas casas, também era um "negocião". Só não era bom para quem ficava ali, "apodrecendo", como dizia.

— É bem o que a palavra "depósito" diz. Um depósito de velhos. Ah, esse sofá aqui está velho. Leva lá para o depósito. Vejo como as meninas tratam as velhinhas lá. Dão cada bronca que meu Deus! — reclamou Nelson aos filhos. — Não tenho nada contra os outros melhorarem de vida. Mas a conclusão a que chego é que quem ganha dinheiro com isso está progredindo à custa da desgraça dos outros. Porque clínica de repouso é um lugar onde a pessoa fica guardada, esperando a morte chegar — concluiu.

Neusa Maria Golla foi internada na Novo Lar em 17 de dezembro de 2013, segundo os registros da polícia que consultei tempos depois. Ela ocupou inicialmente um quarto nos fundos da casa, com uma só cama. Passava boa parte do dia vendo TV, calada. A Nelson também agradava o fato de estar só com a mulher, num quarto fechado, sem ninguém gritando, gemendo ou falando sozinho. Gostava daquele quarto, parecia-lhe um bom lugar para a esposa se recuperar. Mesmo que não comentasse com ninguém, mantinha intactas suas esperanças de melhora.

Nelson esforçava-se para "incentivar a cabeça da mulher", como dizia, desde os tempos em que ela ainda vivia em casa. No início fazia palavras cruzadas com ela, sentado no sofá ao lado da poltrona que Neusa ocupava. Mas agora, na clínica, ela mal podia falar, quanto mais escrever. Nelson buscava outras formas de estímulo.

— Vamos, Neusa, fala "aaa"! Agora "bê"! Isso, "cê"! — dizia, tentando ensinar novamente o alfabeto à mulher. Nelson contava de um a trinta também, e Neusa repetia. Ele ficava satisfeito quando a mulher conseguia falar, ainda que notasse a dificuldade — ela praticamente soprava as palavras para fora da boca, com um biquinho. Como recompensa, ele distribuía carinhos. Dava beijos na testa, passava a mão nos cabelos. Para poder acariciá-la, mexia o ombro todo, pois seus movimentos também eram limitados. Muitas vezes atingia a mulher com "uma mãozada forte" na cara, como os netos descreveram para mim. Neusa se assustava e sorria, resignada. O marido fazia o que podia com o braço ruim.

Com tantos cuidados, em poucas semanas, "seu" Nelson ficou conhecido na clínica. Nunca alguém estivera ali com tanta frequência para visitar um idoso. Faltava apenas Neusa reagir, mas isso não acontecia.

— Não aguento mais ficar aqui — dizia ao marido.

Na hora, Nelson tentava desconversar, mas sentia vontade de encerrar a visita ali mesmo. Na volta para casa, lamentava-se, choroso: o que estava fazendo com a esposa?

— Sei que ela não está aguentando, que não quer, e ainda assim deixamos ela lá. Isso é vida? — desabafou com o filho Junior. — E Deus, cadê Deus nessa hora?

A depressão não dava trégua e as sequelas do AVC se intensificavam. O braço direito, atrofiado, não se recuperava, e a perna direita também definhara. Exercitava-se com o fisioterapeuta da clínica três vezes por semana, mas pouco adiantava. Neusa entrou como cadeirante e nunca caminhou normalmente na Novo Lar. Numa noite de junho de 2014, sofreu um segundo AVC. As sequelas pioraram, e Neusa foi transferida para o quarto 03, onde ficaria na companhia de duas senhoras, Almerinda e

Luisita. Esse quarto era reservado às pacientes mais debilitadas. A saúde de Neusa, que pareceu melhorar na chegada à clínica, declinara novamente. Ela gemia o tempo todo, queixava-se de dores nas pernas e no pescoço.

— Ela tinha uma tristeza tão grande que eu falava: "Não adianta. Se ela não sair dessa depressão não vai melhorar" — relembrou a dona da clínica. — Já tive depressão e não tem jeito: ou você se ajuda, ou não vai levantar — completou.

Neusa passou a se comunicar por resmungos. Se tivesse sede, apontava para um copo de água especial, com um canudo embutido; se sentisse frio, indicava a janela. Mexia o pescoço, que a essa altura estava endurecendo, para um lado e para o outro. Parecia angustiada. Para chamar as enfermeiras, o mais comum era que gritasse. Às vezes conseguia falar em monossílabos:

— Ca-sa! Ca-sa!

Ao ouvir a mãe pedir para sair dali, o filho mais velho, Nilson, sentia um misto de culpa e impotência. Certa vez, ao retornar da clínica após uma visita — aonde ia uma ou duas vezes por semana —, desabafou com alguns vizinhos sobre o que acabara de ver. Era triste a parte em que Nilson contava que a mãe destinava as poucas forças que ainda tinha pedindo para voltar para casa. O grupo permaneceu calado ao fim do relato. Gibão, um vizinho com deficiência intelectual e, por isso, chamado de Doidinho, quebrou o silêncio:

— É que ela quer morrer em casa.

Nelson nunca deixou de levar guloseimas para alegrar a mulher. A preferência agora era por chocolate diet, castanhas e biscoitinhos de aveia e mel. Neusa recebia a comida na boca em pedaços bem miúdos, mastigava e engolia lentamente. Gostava também de alguns salgados gordurosos, mas na clínica ela não tinha acesso a esse tipo de alimento. Nelson, então, incrementava o cardápio da mulher: levava principalmente as esfirras de queijo que Neusa adorava e as oferecia às escondidas, quando as enfermeiras não estivessem perto.

— Não é hora de sua mãe parar de comer o que gosta — disse ao filho Nilson certa vez.

Satisfazia-se ao pensar que podia fazer da vida o que bem entendesse, e não seria agora, aos 74 anos, que modificaria esse hábito.

Nilson até pensou em discutir. Mas, ao ouvir o pai invocar uma velha história familiar, entendeu que era melhor deixar pra lá. Era uma tristeza que Nelson carregava há décadas e que chamava de "trauma". A sogra de Nelson, dona Maria Guilhermina, tinha diabetes e, embora adorasse doces, era sempre impedida de comê-los. Já no fim da vida, sua vontade por açúcar aumentou, mas a família mantinha o controle, seguindo orientação dos médicos. Num domingo, a sogra quis muito um pouco de sorvete, pois viu os familiares comendo a sobremesa após o almoço:

— Dá sorvete pra ela, pô, só uma colher — insistiu Nelson. Mas não deram. No dia seguinte ela morreu.

— Morreu com vontade de sorvete, tá vendo? Valeu a pena deixar de dar sorvete para ela?

Se naquele momento essa história reaparecera, era melhor deixá-lo satisfazer as vontades da esposa. Ele sabia cozinhar, conhecia os gostos da mulher, ainda podia dirigir, tinha algum dinheiro da aposentadoria guardado. Podia dar à esposa tudo o que ela quisesse.

Apesar da esperança que nutria, no entanto, ela não melhorava. As enfermeiras relataram que Neusa começara a recusar a comida. Sua dieta (oficial) consistia basicamente em sopas, mingaus ou papinhas, mas assim mesmo ela não engolia e fechava a boca. Emagrecera ao menos 10 quilos. Se continuasse assim, a fraqueza poderia levar a algo pior.

A dona da Novo Lar, Luciane Teodoro, teve de chamar a família para tratar do assunto. Quem compareceu foi Nilma, e Luciane foi direta:

— Nilma, não tenho condições de manter sua mãe aqui desse jeito. Vocês têm de levá-la a um hospital para colocar uma sonda.

Ela edulcorou o discurso com palavras de otimismo:

— Vocês vão ver como ela vai melhorar, porque a dieta vai ser mais hiperproteica, ela vai ganhar peso e melhorar esse quadro depressivo.

Nilma perguntou apenas se seria o melhor para a mãe — "era o que eles sempre perguntavam, se era para o bem da mãe", disse-me Luciane depois — e aceitou que marcasse a colocação da sonda para os dias seguintes.

Nelson não quis ir junto — já que os filhos haviam concordado com aquilo, eles que agora se responsabilizassem. O filho mais velho estava presente quando uma médica introduziu o aparato pela narina esquerda da mãe, que fez caretas de dor durante todo o procedimento. Nilson esforçava-se para acreditar que aquilo era para o bem e que deveria aguentar firme ali ao lado, apertando-lhe a mão. Depois de 10 minutos, tudo se resolvera. Nilson suava e Neusa chorava baixinho. Falava pouco e com dificuldade. Mas, de volta à clínica, já com a sonda, chamou o filho para perto. Disse uma única frase, segundo Nilson, depois que tudo havia acabado:

— Cuida do teu pai.

Neusa parecia entender como o esposo reagiria à colocação daquela sonda. Nelson sentia que agora oficialmente não havia mais nada que pudesse fazer pela mulher. Ele não poderia cozinhar, há tempos já não a levava para passear (pois ela não queria mais sair da clínica) e, se nunca pôde ajudar a carregá-la para lá e para cá, tampouco poderia agora. Para completar, não podia mais oferecer guloseimas à mulher, pequeno refresco na dura rotina. Um dia, uma auxiliar de enfermagem o flagrou dando água com o copo de canudinho na boca da mulher e o repreendeu. Agora que ela usava sonda, ele deveria apenas molhar os lábios da mulher com uma gaze úmida. Nada além disso. Foi quando Nelson adquiriu, numa farmácia perto de casa, a bisnaguinha com que daria água e água de coco à mulher. Levaria o recipiente sempre consigo; seria seu último bastião.

Vê-la daquele jeito o entristeceu demais.

— Tem que tirar esse negócio — reclamava em casa.

Pouco tempo depois da colocação da sonda, Nelson observou que a língua da mulher definhara, como se estivesse enrolada para trás. Não mexia mais.

— Puta que o pariu. Ela não consegue mais falar nada! Tenta e não dá para entender nada do que ela resmunga. Fica apontando e ninguém entende o que quer — disse ao filho Nilson.

À noite, após o expediente na oficina, pai e filhos conversavam. Nelson os fez lembrar sua opinião em relação aos idosos — agora, direcionada a Neusa:

— Olha a situação da sua mãe. O que ela está fazendo? Não fala mais nada, só escuta. Que serventia tem? Está sofrendo, só isso, nada mais.

Tempos depois, quando pedi à enfermeira Luciane que relembrasse o que aconteceu naqueles últimos dias do casal na casa de repouso, ela disse que, depois da sonda, eles não faziam mais do que se olhar. Pelo menos era assim que agiam quando ela estava por ali. Segundo recorda, assim que ele partia, Neusa começava a chorar.

O último abraço

Nelson não conseguia entender o porquê de a mulher ter decaído dessa forma. Ele estava sempre ao lado dela, tentara ajudá-la de várias maneiras. Como pôde apenas piorar? Numa tarde de agosto, ele se aproximou do leito da mulher e disse:

— Precisamos dar um jeito de ir embora, você e eu.

Nelson sentia-se solitário naquele tempo. Como se não bastasse a falta de Neusa, onde estavam amigos e parentes? Onde estavam aqueles que antigamente os rodeavam e lotavam o salão do terceiro andar? Eram agora "seus inimigos"? Alguns haviam morrido, é verdade, mas nem todos. O telefone de casa já não tocava mais, e poucos além dele, dos filhos e dos netos visitavam Neusa na Novo Lar.

A vida que levavam mudara completamente em relação ao que Nelson se acostumara ao longo das décadas, quando Neusa capitaneava o lazer do casal. Antes havia reuniões regulares, mesmo que para um café da tarde ou um almoço de domingo. Antes eles eram chamados para visitar tantos amigos e primos que Nelson ficava irritado, porque preferia ficar em casa assistindo à TV, ou passar tempo no bar do Laerte. Agora ninguém mais telefonava. Será que ninguém se importava com ele? Será que, ao longo dos anos todos, ele tivera contato com tanta gente apenas por causa da mulher? Mas, ele refletia, a verdade é que era sempre Neusa quem organizava os programas.

O jeito que encontrou para combater a solidão foi pegar papel e caneta e debruçar-se à mesa da sala para escrever alguma coisa. Entre outros pensamentos, anotou a seguinte frase: "Façam muitos amigos para não terem uma velhice solitária". Naquele momento ele não mostrou a ninguém os apontamentos, mas seu objetivo era que logo todos ficassem sabendo o que escrevia. Ninguém lhe perguntou o que tanto anotava, pois vê-lo escrevendo debruçado à mesa era algo com o que os filhos habituaram-se havia anos. Nessas ocasiões, deixavam-no ali, absorto e calado. O neto mais velho, Giovanni, costumava espichar o olho para o que o avô escrevia:

— Ficava curioso, porque ele sempre foi um homem inteligente pra caramba.

Nelson gostava de frases e pensamentos que pudessem, como ele dizia, "ativar o otimismo nas pessoas" — em geral ele próprio, e, no caso de ler em voz alta seus escritos, o alvo era quase sempre os filhos. Neusa não ligava para essas coisas. Depois que se aposentou, Nelson começou a anotar, num caderno de capa dura, centenas de frases cujo único objetivo era "empurrar as pessoas para a frente", segundo dizia aos filhos.

Ele sempre sentiu pendor para algum tipo de arte, mas nunca soube como explorar. Nem nunca teve estímulo para tal. Na adolescência, gostava de ler tudo o que caísse em suas mãos. Quando o pai, Rafael, percebeu no caçula esse gosto, passou-lhe uma reprimenda:

— Para de ler tanto, rapaz. Quem lê demais fica louco.

Alguns anos mais tarde, quis ser ator. Chegou a fazer testes na companhia de José Mojica Marins, que mais tarde ficaria conhecido como Zé do Caixão. Pegava a condução escondido dos pais e cruzava a cidade até o centro de São Paulo, na rua Conselheiro Crispiniano, onde eram feitas as audições. Na volta, comprava livros numa livraria próxima. Acreditava que podia fazer algo diferente, mas acabou cansando depois de meia dúzia de ensaios e nenhum cachê. Quando completou 16 anos, começou a trabalhar e desistiu das investidas artísticas. Pensou que em breve poderia retomar, mas não o fez.

— Chega-se ao fim da vida e a gente vê tanta coisa que não realizou... O que a gente mais diz é: "Poderia ter feito isso ou aquilo." Tente fazer tudo o que quiser, e então não terá espaço para arrependimento — aconselhou ao neto certa vez.

Somente muito mais tarde, depois de uma vida de trabalho pesado, Nelson viu ressurgir alguma possibilidade artística. Descobriu com Neusa o mundo das figurações, a convite de uma amiga. Apareceu em telenovelas e minisséries de emissoras como Rede Globo, SBT e Record. Recebiam cachê de figuração (entre R$ 50 e R$ 150), e ficavam felizes com a proximidade de atores que antes só viam do outro lado da tela. Orgulhavam-se de dizer que "contracenaram" com Eva Wilma, Lima Duarte e os cantores Chitãozinho e Xororó, por exemplo. Apareceram em pontas travestidos como um casal de padeiros (na novela *Cristal*), um casal de imigrantes, um casal que assistiria a uma peça no Teatro Municipal de São Paulo (na minissérie *Som e Fúria*, dirigida por Fernando Meirelles), além de participar de comerciais como clientes em lojas de departamento. Nelson chegou a fazer um *book* de fotos num estúdio para apresentar a possíveis empregadores. A ideia não avançou, pois veio a doença da mulher e a vida e os planos mudaram.

Também já depois da aposentadoria, Nelson pegou gosto pelos livros de autoajuda e por programas de rádio com a mesma temática. Era dali que tirava as anotações que fazia em seu caderno de capa dura. Entre 2005 e 2012, preencheu 88 páginas com frases como "crie uma supermente com sua esposa, com seus filhos", "ontem já faz muito tempo, amanhã será tarde demais: encare a vida com otimismo", "quem perde a coragem e o ânimo perde tudo: o sucesso é ser feliz" e "trabalho sem amor é escravidão, aos poucos vai te deixar com depressão". Num dos trechos, citou personalidades que o inspiravam e que teriam uma mente desse gênero: "Ayrton Senna, Caetano Veloso, Roberto Marinho, Abraham Lincoln, Gandhi, Buda, Jesus, Krishna, Madre Teresa, Chico Xavier e Silvio Santos." Suas escolhas demonstram apreço pela comunicação — dois dos comunicadores mais poderosos da história do Brasil — e pela espiritualidade — católico, tinha tendências ao sincretismo e era, em suma, um curioso.

A espiritualidade também aparece em vários outros momentos, como quando citou a palavra "entusiasmo": "Palavra grega que quer dizer estar com Deus: entusiasmo significa Deus", anotou no caderno. Mais tarde ficaria clara a consideração que Nelson nutria pelo termo. Carregava esse ensinamento dos tempos da Seicho-no-ie, uma filosofia oriental que ganhou ares de religião no Brasil e cujas reuniões Nelson frequentou na década de 1990. "Entusiasmada é aquela pessoa que acredita em si, que acredita nos outros, acredita na força que as pessoas têm de transformar o mundo e a própria realidade. Deixe de lado o ceticismo, abandone a descrença e seja entusiasmado com sua vida e principalmente entusiasmado com você. Estar com Deus. Agir com entusiasmo", ele escreveu, na página 87, a penúltima do seu caderno.

Nelson gostava desse tipo de ensinamento, e chegou a gravar fitas cassete que intitulava de "Monólogos de Nelson Irineu Golla". Ele admirava a forma de se expressar dos locutores e tentava imitá-los em seus monólogos. Num Natal, anos depois, transformou as fitas cassete em CDs e os distribuiu aos filhos, como presente. "Você está aí, numa casa quentinha, gostosa. Quantas pessoas não estão perambulando pelas ruas, horrorizadas? E você aí reclamando da vida? Meeeeu Deus do céu, obrigado. Muito obrigado, meu Deus, por esta casa", dizia Nelson num dos trechos. Os monólogos com frases de autoajuda eram vistos com graça entre os filhos, que debochavam. Nelson defendia-se: "É o tipo de coisa que só vai fazer vocês irem para a frente. Mas escutem se quiserem, vocês é que sabem se querem ou não progredir na vida. Se não quiserem, quebrem esses CDs e joguem fora."

Debruçado à mesa da sala, escrevendo, Nelson reproduzia ensinamentos do tipo. Mas dessa vez usava folhas soltas de papel, em vez do caderno de capa dura. Também mencionava a importância do entusiasmo nessas folhas — apenas num contexto distinto.

Dias depois, o filho Nilson entendeu o que era aquilo que o pai escrevia naquelas folhas e, antes que a polícia as levasse embora, fotografou-as. Na primeira vez em que conversamos, numa lanchonete na Vila Prudente, Nilson disse que lembrava apenas a primeira frase: "Sei que para alguns vai ser considerado um ato de loucura", recitou, de memória. "E ninguém pode dizer que não foi mesmo", comentou Nilson, antes de dar dois tapinhas na mesa e encerrar a conversa, pois já eram quase 23 horas. Ele prometeu que depois enviaria o conteúdo integral das cartas, o que efetivamente fez, naquela mesma madrugada.

7.

Quando Neusa foi internada na Novo Lar, a família explicou a Luciane que Nelson andava deprimido por causa da situação da esposa e que era preciso cuidado quando o pai ficava assim. Contaram o histórico familiar de Nelson. Diante dos argumentos dos filhos, a enfermeira não teve dúvidas. Nelson poderia ir à clínica a hora que quisesse.

Nilma contou a Luciane uma história da família Golla pouco comentada mesmo entre eles. Começou no início dos anos 2000, com um sobrinho-neto de Nelson, um dos netos de seu irmão Marino. Era um jovem de 20 anos, cadete da Academia Militar das Agulhas Negras, centro de formação do Exército em Resende, no interior do estado do Rio de Janeiro. Há tempos ele queria deixar o serviço militar e, pelo pouco que a família soube, o pai não permitia. Certo dia, no ano de 2004, o rapaz resolveu acabar com o que o atormentava. Ligou uma câmera de vídeo, empunhou uma pistola e matou-se com um tiro na cabeça. Dedicara a filmagem ao pai.

Foi um choque enorme, especialmente para Marino, tido como o tio mais brincalhão e divertido, "um dos pilares da família", como Nilma me contou. Ele era presença certa nas reuniões no terceiro andar da casa de Nelson e Neusa, levava sempre uma enorme salada de frutas e queria saber das histórias de todos. Era o irmão mais próximo de Nelson. Nessas ocasiões, sentavam-se lado a lado e passavam horas conversando. Falavam muito de abrir um negócio juntos. Nelson e Marino tinham a criatividade como característica comum: eram tidos como "inventores", gostavam de resolver problemas cotidianos à sua maneira. Marino criara uma máquina de fazer bolsas plásticas de praia, que vendia em lojas na orla de Santos. Nelson produziu na oficina aparelhos de academia parecidos com os que há em praças públicas — como um simulador de caminhadas —, usados principalmente pelo filho Junior. Eram chamados de "professores Pardal", e a fama na família é que bastava que observassem um objeto por alguns minutos para serem capazes de produzir um igual. Com o suicídio do neto, Marino passou a aparecer menos.

Neusa também era próxima de Marino e de sua esposa, Joana. O casal vivia num apartamento confortável em Santos, com ampla varanda, perto da orla. Em um fim de semana de 2009, Neusa e Nilma estavam com tudo pronto para passar o domingo em Santos, mas um telefonema as obrigou a mudar os planos. Marino assistia à missa das 8 horas pela TV em companhia da mulher e do casal Luís, seu irmão, e Lourdes, quando pediu licença para ir ao banheiro. Os outros se levantaram e foram à cozinha preparar o café. Marino foi até a varanda e se jogou do quinto andar. A causa seriam problemas de saúde. Ele tinha 84 anos e enfrentaria nos meses seguintes quatro cirurgias complicadas relacionadas a um câncer de pele. Temia pela dor que podia causar à mulher. A família atribuiu a isso o motivo do suicídio. Nelson foi ao enterro, mas não quis ver o irmão.

Nilma relatou ainda um terceiro caso à dona da casa de repouso, também ligado a questões de idade e de saúde. Foi em 2011, quando o irmão de Nelson, Luís, perdera a esposa, Lourdes. Como já tinha mais de 80 anos, seus familiares contrataram

Nelson e Neusa posam em estúdio fotográfico antes da cerimônia de casamento, em 26 de janeiro de 1967.

Neusa antes da cerimônia de casamento, em 26 de janeiro de 1967.

O casal no banco de trás do carro que os levou para a Igreja de Santo Emídio, na Vila Prudente, Zona Leste de São Paulo, onde se casaram.

Durante a cerimônia de casamento, na Igreja de Santo Emídio.

Neusa Maria Golla na primeira casa que tiveram, na rua Torquato Tasso, Vila Prudente.

Nelson Irineu Golla
nos tempos em que
sonhava ser ator.

Nelson e Neusa em viagem a Caldas Novas (GO), nos anos 1990.

Em casa, depois de Neusa ter sofrido o primeiro AVC.

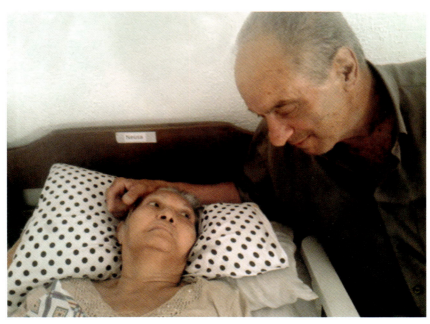
O casal na clínica Raio de Sol, em São Caetano, quando Neusa foi internada.

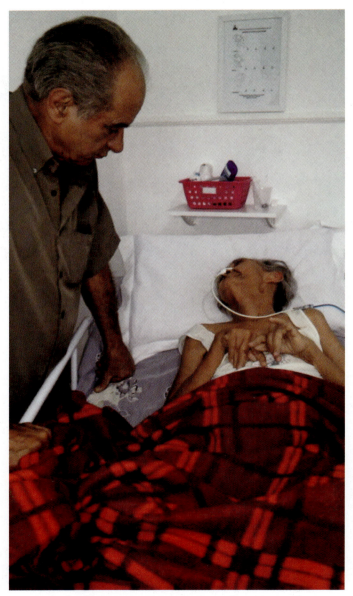

Neusa sendo alimentada por meio de sonda, em uma das últimas fotos do casal, na clínica Novo Lar, no bairro Parque São Lucas, Zona Leste de São Paulo.

O último abraço

uma cuidadora. Luís teve um relacionamento amoroso com ela e decidiram morar juntos em sua casa, em São José dos Campos, a 200 quilômetros de São Paulo. Os filhos, quando souberam, não aceitaram. Demitiram a cuidadora e trouxeram Luís para morar na capital. Poucos meses depois, ele se atirou da janela do apartamento, no oitavo andar. Nessa época, Neusa já estava na clínica Raio de Sol, e os filhos só contaram a ela por insistência de Nelson, que defendia que ela não fosse impedida de saber das notícias, mesmo as ruins, por estar internada. Nelson foi ao velório e novamente ficou do lado de fora.

— Eram todos casos de depressão, de alguma forma relacionados à idade — disse Nilma a Luciane.

A enfermeira reforçou que as portas da clínica estavam sempre abertas a Nelson. Mais tarde, relatou essa história à polícia, pois era absolutamente importante justificar o fato de ele permanecer na clínica mesmo fora dos horários de visita.

Após o suicídio dos dois irmãos e do sobrinho-neto, Nelson passou a ser visado pelos filhos e por outros familiares. Era uma observação feita a distância, pois os Golla, como muitas famílias que viveram casos semelhantes de suicídio, não falavam abertamente do assunto. Algumas primas alertaram Nilma de que ficasse de olho. Uma delas chegou a falar para Nelson algo relacionado à morte dos irmãos:

— Olha lá, hein, tio, vamos parar com isso.

Segundo o relato dela, Nelson teria respondido que "acreditava na vida e num dia melhor" e que "jamais pensaria nisso".

A dona da Novo Lar dera um recado às suas três auxiliares de enfermagem: que dispensassem mais cuidados a dona Neusa, porque ela não estava bem.

— A gente percebe quando o paciente vai se entregando, então falei para dar mais conforto a ela — disse-me Luciane Teodoro. — Deus é que é dono da vida e da morte, mas trabalho com idosos há mais de vinte anos e via que era uma questão de tempo. Falei isso também para a delegada.

Era início da tarde de um domingo de primavera em São Paulo. Luciane e uma das auxiliares de enfermagem, Michelli, conduziram Neusa do quarto 03 até o banheiro, do outro lado da casa, onde lhe dariam um banho. Neusa reclamou desde o momento em que a retiraram da cama no canto esquerdo do cômodo até quando a higiene terminou. Gemia quando era sentada na cadeira de banho — um apoio colocado sobre uma banheira comum — e também quando a esfregavam, pois era preciso limpar bem mesmo o braço e a perna atrofiados, e isso lhe doía. Queixava-se quando mexiam no pescoço, que, após o segundo AVC, entortara para o lado direito. Era preciso secá-la com cuidado, pois sua pele era bem fina, propícia à formação de feridas. Nem sempre conseguiam, pois, nos últimos tempos, escaras haviam surgido. Cada etapa do processo lhe doía. Quando o banho já havia terminado, sentada na cama enquanto a enfermeira passava um hidratante, Neusa chorava baixinho. As enfermeiras davam-lhe um analgésico e um calmante.

No dia em que conversamos em seu escritório ao lado do quarto 03, Luciane me disse que procurava ficar próxima de Neusa, pois sabia o que era sofrer de depressão. Neusa tomava Sertralina, um antidepressivo comum, mas claramente insuficiente. A enfermeira falava da família, de como marido, filhos e netos estavam sempre por ali:

— Você tem que reagir, Neusa. Olha sua família! Até seus netos vêm sempre visitar a senhora. Você não tem nada grave, não tem um câncer, tem que se animar. Cadê a força de vontade?

O último abraço

Era a fase em que Neusa apenas chorava. Um dia, quando já usava a sonda, a enfermeira foi mais longe:

— Essa situação não é para sempre, Neusa. Você não tem mais vontade de viver?

Neusa praticamente não falava, e apenas balançou a cabeça negativamente para um lado e para o outro. Luciane atribuiu a reação novamente à depressão e relatou o que Neusa havia dito aos filhos Nilson e Nilma. Eles prometeram conversar com a mãe.

Naquele domingo de primavera, 28 de setembro de 2014, a equipe estava reduzida na Novo Lar. Era o dia mais tranquilo da semana, e a rua Lótus, uma travessa da movimentada avenida Luís Inácio de Anhaia Melo, estava em silêncio. Não se ouvia nem mesmo o bate-estacas dos operários que durante a semana trabalhavam nas obras de um monotrilho ali perto. Luciane deixou sua casa, a cinco minutos dali, e chegou à clínica pouco antes das 12 horas. Esperava que o dia passasse rapidamente, porque "nenhum Cristo merece trabalhar aos domingos".

Logo que chegou, ajudou a dar banho em Neusa. Trouxe para ela a camisola branca com lacinhos rosados na gola. Tentou estimulá-la, dizendo que em pouco tempo o esposo dela chegaria.

— Cheguei toda bagunceira, como sempre faço para animar os mais tristinhos. É meu jeito de trabalhar — contou-me.

Depois do banho, a enfermeira cruzou a rua até o restaurante que fica em frente e comprou um pedaço de lasanha e um bife de alcatra — o almoço de domingo que comeria ali mesmo na clínica um pouco mais tarde.

A três quilômetros dali, Nelson já havia recebido um telefonema de Junior avisando que não chegariam a tempo para almoçar. Ele foi dar uma caminhada no parque, um lugar que apreciava apesar da frequência, que piorara. Era domingo, dia de jogo de futebol de várzea, e Nelson sentou-se num banco atrás do campo, sombreado por eucaliptos. Viu a molecada correndo e ouviu o estouro dos rojões, que prenunciavam o início da partida.

Nas últimas semanas, havia passado um bom tempo na varanda e escutara outras vezes o mesmo barulho. Estouravam bombinhas todos os domingos e também o haviam feito no feriado de 7 de setembro. Nelson lembrou-se de quando aprontava das suas em casa, assustando os filhos e a mulher. Foi num desses momentos na varanda que ele teve a ideia. Numa manhã de setembro, foi até uma loja de fogos de artifício na avenida Vila Ema, perto dali, e comprou uma caixinha de bombas "número 4" (cada artefato com cerca de 10 centímetros de altura e 8 centímetros de espessura). Testou-as na rua, para verificar a força da explosão.

Era domingo e Nelson visitaria novamente a esposa na clínica. Ele já tinha tudo preparado. Há três dias tentava reunir forças para levar a cabo seu plano. Irritava-se por sentir-se um covarde. O jogo ainda estava no primeiro tempo quando Nelson levantou-se do banco e, com um aceno cordial e o caminhar um pouco trôpego de sempre, despediu-se dos companheiros de parque.

— Tchau! Vou ali com a minha velha.

8.

Nelson era mais otimista do que deixava transparecer. Ainda que ocultasse isso atrás de um caminhão de resmungos e palavrões, resguardara intactas, até bem perto do fim, as esperanças de que a esposa melhorasse. Pensava em Neusa de volta a casa, mesmo que fosse apenas sentada na poltrona, enquanto ele preparava sua refeição. Pensava em voltar a viajar:

— Vamos pegar o avião de novo e sair por aí, Neusa — dizia — Vamos sair daqui e viajar pra Pesqueira! Vamos pra Caldas Novas, vamos passear! — Ele se esforçava.

Nos últimos tempos, contudo, até isso mudara. Especialmente depois da colocação da sonda, Nelson começou a acreditar que aquilo não passava de ilusão. Ao ver a mulher "toda entrevada", com o tubo no nariz, a língua paralisada no fundo da boca, os braços inertes e gemendo de dor o tempo todo... Puta que o pariu, aquilo era um castigo. Se ao menos a esposa não estivesse lúcida... Mas ela tinha conhecimento de tudo, escutava tudo e não podia falar nada. Ele considerou também sua própria condição: o braço esquerdo ruim, as constantes dores na coluna... Seu outro braço e suas pernas não demorariam a travar, e então teria de usar cadeira de rodas ou coisa parecida. Sentia-se um estorvo, que fica "enchendo o saco dos filhos, da nora, dos netos".

Havia três dias, Nelson levava no bolso o explosivo que preparara, com a pólvora das bombas número 4 e um pedaço de tubo de aço que encontrara na oficina. Ele considerou usar veneno, mas escolheu um método mais à mão. Faltava-lhe apenas um pouco de coragem. Em comparação com os outros dias em que levara a bomba à casa de repouso, Nelson não sentia nada de diferente naquele domingo de setembro de 2014. Isso lhe causava raiva e incompreensão. O que faltava para conseguir fazer tudo aquilo terminar?

Ultrapassou o portão verde da Novo Lar e, pelo pouco que a dona da clínica pôde ouvir, resmungou alguma coisa com Michelli, a auxiliar de enfermagem que o barrara no portão. Depois seguiu direto para o quarto 03 sem falar com Luciane, que almoçava na mesa do pátio. Nelson permaneceu ao lado do leito da mulher, como tantas vezes fizera ao longo dos últimos nove meses. Neusa apenas o observava.

A promessa que fez de tirá-la dali, a angústia de saber que ela só pioraria, o sofrimento que ultrapassara havia tempos os seus limites que acreditara poder suportar... Nelson estava atormentado e queria tomar uma decisão. Colocou a mão no bolso da calça e tirou dali a bisnaga com água de coco — proporcionaria, pelo menos, algum alívio à mulher.

O que aconteceu depois foi "rápido como um relâmpago", para usar o palavreado de Nelson. Incontrolável.

Ele esguichava o líquido para dentro da boca da mulher, como fizera tantas vezes, quando a auxiliar de enfermagem Michelli entrou no quarto. Ela queria trocar as fraldas da paciente da cama ao lado, Almerinda. Ao notar o que Nelson fazia, Michelli se irritou.

— O que é isso, seu Nelson? O senhor sabe que não pode dar nada para ela pela boca, ela pode pegar pneumonia — disse. — Ela toma água aqui pela sonda. O senhor me dá aqui esse frasco que vou levar para a Luciane.

O último abraço

— É só água de coco, menina — defendeu-se Nelson. — Sonda! Experimenta jogar água no teu pé pra ver se mata a sede. Tem que dar na boca! E não estou dando um copo cheio, são só umas gotinhas — prosseguiu.

A essa altura, entretanto, a auxiliar de enfermagem já lhe havia tomado o frasco das mãos e saíra porta afora, batendo o pé até o pátio.

— Luciane, olha o estado disso aqui que ele está querendo dar pra dona Neusa. Um frasco todo sujo!

Nelson ficou sozinho no quarto com Neusa. A esposa apenas o fitava, do jeito que fazia desde que parara de falar. Nelson, então, pensou na mãe. Veio-lhe à mente a velha passagem familiar em que dona Maria dizia a ele: "Precisa dar água pras crianças, porque elas não pedem. Elas têm sede também. De vez em quando tem que dar uma aguinha." Lembrar-se disso naquele momento lhe causou tristeza e raiva. "Porra, não vou poder mais nem dar água pra minha mulher. Puta que pariu!" E então ele sentiu. Era a hora.

Nelson tirou do bolso da calça folgada o tubo de aço cheio de pólvora. Acomodou-o sob o braço esquerdo de Neusa, onde julgou ficar o coração. Pegou a caixa de fósforos e acendeu o pavio. Deitou-se em cima da esposa. Abraçou-a como pôde, com o braço bom. Escutou o fogo consumindo o rastilho. Disse suas últimas palavras à mulher:

— Pronto! Agora vamos embora.

Fechou os olhos e esperou.

A dona da clínica almoçava no pátio, ao lado do quarto, quando escutou o estrondo. Levantou-se num pulo e correu para os fundos da casa. Caíram no chão o prato de lasanha e a bisnaguinha com água de coco que estavam em cima da mesa.

— Estourou o poste de luz, Luciane. Corre para desligar a TV — gritou dona Guiomar, a faxineira da clínica.

— Não. A casa da frente é que tá desabando — respondeu a enfermeira enquanto corria até os fundos.

Ao passar pela janela do quarto 03, Luciane olhou para dentro e estacou. Viu Nelson deitado no chão e a cama hospitalar de Neusa do outro lado do quarto, quase em cima do leito de Almerinda. Sentiu o cheiro de fumaça e pólvora. Olhou para Neusa e começou a gritar.

— Ele matou! Ele matou! Ele matou!

Luciane saiu voando pelo pátio, sem parar de gritar.

— Ele matou! Ele está armado, vai matar todo mundo!

A enfermeira correu para os fundos da clínica e tentou entrar num quarto. A porta estava trancada.

— Pelo amor de Deus, ele está armado, deixa eu entrar, pelo amor de Deus!

Dentro do quarto estava a faxineira, que a barrou.

— Tenho duas filhas pequenas, vai para outro quarto!

Luciane esbravejou algo como "tenho dois filhos também" e refugiou-se no quarto mais próximo, onde havia dois idosos. Dali ela ligou para a polícia.

— Um homem armado entrou na minha clínica e matou a mulher dele. Pelo amor de Deus, venham logo para cá antes que ele mate todo mundo.

Nelson sentiu no peito uma porrada forte e surda, que lhe pareceu o coice de um cavalo. "Morri", pensou. Acreditou ter visto o outro lado. Caído no chão, em meio ao torpor, olhou (ou imaginou olhar) para a esposa. Pareceu-lhe que Neusa estava tranquila e que tinha um sorriso nos lábios. Teve a impressão de

O último abraço

que ela agora descansava. Notou que estava morta e suspirou. Finalmente. Tudo ficou escuro, e ele não sabia se isso também era a morte ou se havia fechado os olhos. Sentia o corpo fraco. As pernas tremiam e uma dor subia do peito ao pescoço. Nelson talvez tenha desmaiado nesse momento.

A polícia chegou em 10 minutos. O número incomum de viaturas se deveu à informação de que um atentado a tiros estava em andamento. Havia agentes com metralhadora e fuzil. Ao entrarem no quarto 03, viram um homem idoso caído, traços de pólvora no chão, uma cama deslocada de lugar e, sobre ela, uma senhora com um ferimento no peito. Os policiais verificaram que ela estava morta. Duas ambulâncias já estavam a caminho. Luciane telefonou para o filho Nilson e pediu-lhe que viesse à casa de repouso com urgência, mas não contou o que havia acontecido. Nilson vivia perto da clínica. Avisou que iria a pé e que em pouco tempo chegaria.

Ainda caído no piso, Nelson alternava momentos de lucidez e desfalecimento, enquanto os policiais anotavam os detalhes da ocorrência. Ele tinha "roupas chamuscadas, queimaduras no tórax e um sangramento no rosto", como descreveram no Boletim de Ocorrência 6307/2014. Observaram também que as duas outras pacientes do quarto não tomaram conhecimento da explosão: Almerinda dormia e Luisita resmungava palavras ininteligíveis, como fazia naquele período da vida.

Antes de a ambulância chegar, os policiais perguntaram a Nelson o que havia ocorrido.

— Usei um artefato para explodir — teria dito Nelson, segundo o B.O.

Os policiais perguntaram seu nome, pois Nelson não levava documentos. Sem dizer nada, ele entregou-lhes a chave do carro. O que havia no porta-luvas explicaria tudo.

A primeira ambulância chegou praticamente junto com o filho Nilson. Luciane acreditou que ele reagiria "de forma violenta" à morte da mãe e avisou aos policiais que ficassem de olho:

— Ele é o filho.

A enfermeira surpreendeu-se com a reação de Nilson ao entrar no quarto.

— Ele não fez nada, ficou só olhando. Parecia em choque — relembrou.

Depois de algum tempo parado, encostado ao batente da porta, Nilson notou que a mãe tinha os olhos abertos e perguntou se poderia fechá-los. O policial disse que não.

Ele então procurou o pai. Nelson continuava no chão do quarto, ainda deitado. Os paramédicos se equivocaram e retiraram Neusa antes. Encaminharam-na à ambulância, enquanto Nelson permaneceu no solo, ofegante e machucado, semidesperto, com a cabeça voltada para os pés do que era o leito da mulher. Nilson agachou-se ao seu lado e perguntou:

— Pai, por que você fez isso?

Nelson, ainda atordoado, ergueu os olhos para o filho. Seus ouvidos zumbiam, e começou a chorar.

— Desculpa, desculpa, desculpa. Deu errado. Deu errado.

9.

Por volta das 15h30 daquele domingo, dois policiais do 42º Distrito Policial encontraram, no porta-luvas do Celta vermelho, R$ 300 em espécie, documentação (RG e CNH) em nome de Nelson Irineu Golla, natural de São Paulo, 74 anos de idade, casado. Havia também nove folhas de papel. O veículo estava parado na rua Lótus, altura do número 200, no bairro Parque São Lucas, Zona Leste de São Paulo, em frente à casa de repouso Novo Lar. Nas folhas manuscritas, Nelson explicava os motivos pelos quais decidira matar a esposa e a si próprio. Lê-se o seguinte:

Ideia antiga
São Paulo, ... de 2012.

1. Sei que para alguns vai ser considerado um ato de loucura. Mas cansado e preocupado com o meu futuro e de minha esposa, dei um fim ao sofrimento de ambos. Que meus filhos me perdoem, mas será um descanso para todos. Desculpem o trabalho que vou dar, mas isso é necessário. Sabedor de que nem eu nem ela temos recuperação, que Deus receba de braços abertos a companheira querida, e que me perdoe. Eu, Nelson Irineu Golla, e Neusa Maria Golla fomos muito felizes. Lembrem-se de nós nos momentos de alegria. Adeus.

2. Dê baixa no nosso benefício INSS, senão os juros para vocês serão desastrosos. Não saquem nada além do que está no extrato atual, que deve girar em torno de 2 mil reais. Nilson, Nilma, tinha que deixar alguém tomar conta do dinheiro que ainda resta. Se eu pedisse pra vocês pra guardar esta quantia, vocês ficariam com uma pulga atrás da orelha e apreensivos. Porém, o Jr. não desconfiou, não levantou a menor sombra de dúvida. Deixei com o Jr. cheques assinados do BB e o valor do saldo atual. Não discutam com o Jr. Ele recebeu essa quantia na maior inocência e pedi para não avisar a vocês para não levantar suspeitas. Jr., me perdoe por te enganar.

3. Nilson, Nilma, Jr., vocês já são bastante grandes, e atualmente ando nervoso e discutindo por qualquer coisa. Me perdoem, pois a única coisa que eu mais quis foi o bem e a felicidade de vocês. Não consegui realizar meu desejo, mas espero que vocês consigam tudo de bom. Amem-se, esqueçam as desavenças, procurem cada vez mais um ajudar o outro. Amem a Deus para que floresça em seus corações a Harmonia. Sejam uma família exemplar. Leiam meus rascunhos, ouçam as fitas e os CDs. Depois, se não gostarem, joguem tudo fora, façam a faxina e desfaçam tudo o que está errado ou atrapalhando na casa. Desculpem-me, tudo é difícil na despedida. Eu os amo muito.

4. Muito obrigado pela minha casa, onde a convivência com filhos, netos, genro e nora foi maravilhosa. A toda minha família que sempre me apoiou, aceitem minhas desculpas. Sou muito emotivo (chorão) e não consigo expressar meus sentimentos. Façam muitas amizades para não ter uma velhice solitária.

O último abraço

5. *Entusiasmo. Palavra grega que quer dizer "Estar com Deus". Estar nervoso não deixa a inteligência funcionar; você fica fora da sua razão. Mude suas crenças, acredite que você pode vencer, crescer, prosperar. Acredite e agradeça. Em tudo e para tudo, tenham "entusiasmo". 25/08/2014*

O que fazer com pai e mãe com problemas irrecuperáveis? Sofrimento para os filhos e os próprios pais. Afora o tempo que é desperdiçado tentando ajudar. É triste no princípio, mas no futuro vocês verão que foi a melhor e mais corajosa decisão. Faço com lágrimas nos olhos, pois a separação de vocês... Foi difícil tomar essa decisão. Por favor, mantenham-se unidos, deixem de lado as desavenças. Amem-se, procurem se ajudar mutuamente. Esse é o caminho mais certo para que vocês tenham sucesso e felicidade. Amem-se.

À Casa de Repouso Novo Lar, me perdoe, mas não pude mais suportar o estado que aconteceu à minha querida esposa, Neusa. Isso que eu fiz é simplesmente uma eutanásia. Mais uma vez, meu sincero apreço a todos que sempre me trataram muito bem. Sem mais, Nelson.

Não se esqueçam de dar baixa no INSS (pai e mãe), porque eles (INSS) irão pedir a devolução do dinheiro (benefício) com juros e correção monetária, de repente até com multa. Benefício do pai: dia primeiro do mês. Benefício da mãe: meio do mês.

Pesquisem qual o mais prático. Se possível, cremem os dois corpos. Sua mãe sempre desejou ser cremada.

Nota da polícia: Constando ao final de cada folha uma assinatura ilegível

Os policiais embolsaram as nove cartas manuscritas, as quais Nelson não veria novamente. A essa altura Neusa já havia deixado a casa de repouso numa maca, coberta dos pés à cabeça com um lençol branco. Nelson não levantou o olhar enquanto a esposa partia.

10.

Na ambulância, Nelson recebeu uma injeção de morfina e apagou. Quando acordou, já no quarto 209 do Hospital Estadual Sapopemba, a 7 quilômetros da clínica Novo Lar, ele notou que um lençol apertado o retinha à cama. Tentou se livrar e percebeu uma algema no pulso direito, presa a uma barra de ferro no leito. Olhou em volta e viu dois policiais. No mesmo quarto havia um rapaz baleado. Nelson pensou na mulher. Olhou para a janela, que parecia trancada.

Deram-lhe mais morfina; havia uma bolsa de sangue ao seu lado. Ele sentiu um inchaço no pescoço e no rosto. Tinha um curativo no peito — ao jogar-se em cima da esposa, sua intenção era que o explosivo atingisse o seu coração e o de Neusa. Mas conseguiu só a metade. Nelson analisou sua situação: preso à cama do hospital, semiconsciente, com a mulher que não lhe saía da cabeça. Voltou a atentar para a janela e percebeu que estava lacrada com arames. Talvez pudesse desenrolá-los e jogar-se dali. Ou arrebentar o vidro com uma cabeçada — por que não? Em que andar estava, afinal?

Nelson acordou e pediu aos policiais que o deixassem ir ao banheiro. Entrou no cômodo contíguo e, novamente, observou a janela: pequena demais. Bateu levemente no espelho: plástico, não podia quebrá-lo. Naqueles primeiros momentos, ele tinha a ideia fixa de acabar com o que restara do seu tormento. Voltou à cama e, ao olhar o suporte para o soro, vislumbrou uma possibilidade. Era uma haste metálica que se dividia em duas, encaixadas no meio. Trabalhara numa funilaria e sabia como funcionava. Quem sabe, em algum momento em que o livrassem da algema, não poderia desatarraxar o suporte, subir na cama e jogar-se em cima da metade que ficava no chão? Entraria pela barriga e sairia nas costas. Ele pensou que, numa distração do policial, poderia tentar. Sob efeito da morfina, dormiu.

Nelson sentia vergonha por ainda estar ali. Planejara mal. Ele não poderia prever a dinâmica da bomba. Seu peso sobre Neusa teria direcionado a explosão para baixo, para a mulher, ao mesmo tempo que o lançou para longe. Era isso? O maldito braço ruim tampouco ajudara. Nelson não foi capaz de abraçar a esposa com força — se tivesse conseguido apertar-se junto a ela, seu corpo teria absorvido mais da bomba? A explosão parou numa costela, sem que chegasse a quebrá-la. Ele entrou no hospital, segundo sua ficha médica, com "traumatismo torácico, contusão no pulmão e queimaduras de segundo grau na porção esquerda do peito e no pescoço".

Neusa recebeu impacto maior: "Fraturas em arcos costais e osso esterno; ferida lacerocontusa no coração; laceração do pericárdio; contusões pulmonares direita e esquerda; hemotórax à esquerda", conforme o laudo necroscópico do Instituto Médico Legal Leste, assinado pelo médico-legista Gonçalo Pinto de Oliveira. "O exame realizado nos leva a concluir que a causa da morte foi traumatismo cardíaco." Mais tarde, quando sentia culpa, Nelson tentava se aliviar com um pensamento: não foi a explosão. A esposa estava tão fraca que o próprio estampido, o próprio estouro, já fora suficiente para que "morresse na hora" — ou seja, rapidamente. Em sua mente, Neusa nem havia sentido.

O último abraço

O filho Junior foi o primeiro a vê-lo no hospital. Ao entrar no quarto, notou o inchaço e as algemas. Segundo relembra Junior, antes que pudesse dizer qualquer coisa, Nelson se adiantou:

— Me perdoe, me perdoe. Fiz errado. Não deu certo.

— Pai, por que isso? Pra que isso? Não precisava. A gente estava fazendo tudo para ela viver um pouco melhor.

— Deu errado, deu errado, deu errado.

Nelson levou o queixo ao peito. Junior sentiu pena e disse que, a seu tempo, tudo seria explicado. A namorada, Luciana, disse a Nelson que tudo ficaria bem. Os dois abraçaram-no e saíram, pois os policiais não permitiriam visitas longas naquelas primeiras horas e dias. Junior contou-me mais tarde que não consegue lembrar o que aconteceu depois:

— Só sei que saí andando, fiquei caminhando ao redor do hospital. Foi estranho, fiquei desnorteado.

Luciana pediu a um vizinho que aparecera para acompanhá-lo a distância:

— Vai que dá um estalo e ele faz alguma besteira?

Nelson manteve a intenção de suicidar-se durante bom tempo, mas nunca como naqueles primeiros momentos. A vontade começou a se arrefecer quando recebeu sinais de compreensão. Primeiro das psicólogas do hospital, que conversavam com ele pela manhã e no fim da tarde. Depois de algumas enfermeiras. Nelson passava a maior parte do tempo calado, mas seu temperamento afável com estranhos ressurgiu, e com isso ganhou a simpatia dos funcionários. A história de Nelson e Neusa se espalhou pelo hospital, e o quarto 209 ficou concorrido. Nelson surpreendeu-se ao ouvir algumas palavras de incentivo:

— Olha, é uma paixão, um amor, uma dedicação muito grande. Ninguém mais fica junto mais do que uns dez anos hoje, e vocês passaram a vida toda — disse uma enfermeira. — Mas não é possível que agora você esteja sendo tratado assim por esses policiais.

Nelson sentiu-se um pouco melhor.

Ele ainda teria de lidar com outro fato novo: o policial de plantão no quarto e a algema que o prendia à cama não o deixavam esquecer que, agora, ele era um criminoso. A delegada que atendera ao flagrante, Virginia Furlaneto Campos, do 42º Distrito Policial, comoveu-se com a história — levava-a a pensar no sogro, que morrera dois anos antes numa cama de hospital —, mas não pôde deixar de indiciá-lo. Nelson foi acusado de homicídio qualificado com "emprego de meio insidioso ou cruel, que traz perigo para a vida ou saúde de outrem". Deveria ser recolhido à prisão "tão logo receba alta médica". Para a lei, não passava de um assassino. Um homem que matou sua mulher. A pena prevista era de até vinte anos de cadeia.

Quando o caso chegou à Justiça, em 29 de setembro de 2014, dia seguinte à morte de Neusa, a prisão em flagrante de Nelson foi convertida em prisão preventiva. Tão logo saísse do hospital, ele seria levado a uma penitenciária ou, na melhor das hipóteses, a um manicômio judiciário — locais que estão longe de ser considerados seguros para idosos com pensamentos suicidas. Esperaria detido até ser julgado.

A essa altura, os filhos se desdobravam entre o enterro da mãe e a atenção para a situação do pai. Ainda na noite em que Neusa morrera, o filho Nilson telefonou para um advogado, que deu a primeira orientação: Nelson não poderia deixar o hospital de jeito nenhum. Ele que se queixasse de dores — e ninguém poderia dizer que não sentia — enquanto providenciavam a defesa formal.

O último abraço

— O senhor vai ter que ficar aqui até a gente falar que pode sair — disse Nilson numa rápida visita ao pai. — Porque, senão, é daqui pra cadeia. Cadeia, o senhor está entendendo? É cadeia e não vai ter saída.

Por uma indicação de familiares, os advogados Ivan Tozzi e Audalécio Oliveira assumiram o caso e, de imediato, apresentaram um prognóstico: Nelson tinha domicílio fixo e era réu primário (nunca tivera passagem pela polícia), o que poderia convencer um juiz a que respondesse o processo em liberdade. O problema era que, por se tratar de um crime hediondo ("em tese, homicídio", conforme o auto de prisão em flagrante), seria preciso algo mais. Os advogados fizeram um pedido: eles teriam de provar ao juiz que Nelson realmente amava a esposa, mostrar que todas as suas ações eram pelo bem de Neusa, para abreviar um sofrimento que ele julgava insuportável. Seria preciso produzir, como disseram os advogados, um "atestado de amor". Teria de ser rápido.

O tempo era curto até para o pesar. Neusa foi enterrada no cemitério da Vila Alpina, a 10 minutos a pé da casa dos Golla, às 8h30 de terça-feira, 30 de setembro de 2014.

Os netos, Giovanni, Bruno e Breno — filho único de Nilson, que tinha 12 anos —, não queriam olhar para a avó no velório, pois não sabiam como ela estaria após a explosão. Depois de Nilma prometer que a mãe estava "bem natural e sem maquiagem, como sempre", eles entraram para se despedir. Entre as mãos da avó havia uma fotografia dela com o marido, feita anos antes na cozinha da casa que construíram. Nelson passava o braço sobre os ombros da esposa e os dois sorriam para a câmera. Era uma foto que os netos haviam enfeitado no computador e dado de presente quando Neusa ainda estava bem de saúde — fizeram um coração colorido que envolvia avô e avó.

Como Nilma passou a dizer, "junto com a mãe ela enterrou o luto", pois não havia remédio: agora tinha de pensar no pai. Seria ela a responsável por correr atrás de quem pudesse atestar o bom relacionamento dos pais. Em frente ao túmulo de Neusa, ela se lembrou de um de seus pedidos nos tempos em que ainda podia falar: "Cuida do teu pai, não deixa ele sozinho". Nilma respondera mentalmente. "Sei que a gente está enterrando só a carne, mãe, e que você vai estar aqui dentro de mim o tempo todo. Agora vou fazer o que a senhora pediu: vou lá cuidar do velho."

Nilma voltou para casa e passou o resto do dia ao telefone. Pediu que os amigos escrevessem em cartas como viam o relacionamento dos pais. Tinha de ser para ontem, pois o pai estava sob risco de ser preso. No dia seguinte ela percorreria as casas para pegar o que tivessem escrito. No fim, Nilma reuniu dezessete cartas manuscritas, que imediatamente repassou aos advogados. Ivan e Audalécio receberam o material nos primeiros dias de outubro de 2014, quando Nelson ainda estava internado no Hospital Sapopemba. Os advogados disseram que "fariam o possível" para entregar os documentos ao juiz.

Fui vizinha deste casal durante 13 anos. Nós nos casamos no mesmo ano, tivemos nossos filhos juntos. Eles batizaram a minha filha do meio, Camila, e, mesmo depois de mudarmos para longe, nunca deixamos de nos visitar.

Como amiga, ex-vizinha, comadre, quase irmã, tenho muito a dizer sobre eles, mas uma só palavra será o bastante para demonstrar e definir o que eles foram um para o outro: amor. Sim, amor. Eles se casaram por amor, tiveram filhos por amor, viveram durante tantos anos juntos por amor e, agora, minha amiga se foi por amor.

O último abraço

Ele queria ir junto, mas não conseguiu. Mas sei que ele não ficará muito tempo neste mundo sem sua amada.

Esta é uma linda história de amor com final triste, como a de Romeu e Julieta.

Lamento sua sorte, meu amigo, pois nesses 65 anos que tenho, você foi e é, com certeza, o melhor homem, marido, pai, amigo, que eu já conheci. Deus seja contigo.

Descanse em paz, minha querida e eterna vizinha, comadre, irmã de coração. Amiga.

Te amo, vai com Deus.

Descanse em paz. Amém.

Isis da Silva Rigolo, amiga da família.

Declaro que conheço e convivi por longo tempo com o senhor Nelson Irineu Golla, e posso atestar que sempre foi uma pessoa idônea, equilibrada e extremamente amorosa para com seus familiares, especialmente sua esposa, Neusa Maria Golla.

Se, no decorrer da enfermidade da esposa, cometeu um ato tresloucado, foi por desespero, visto que também atentou contra a própria vida. Por dedicar amor incondicional à esposa, e não suportando mais tanto sofrimento, chegou a esse gesto extremo.

Rogo que, ao ser julgado, seja levada em consideração sua vida pregressa e matrimonial.

Padre Dervile Alonço, pároco da Igreja Nossa Senhora de Lourdes, que Nelson e Neusa frequentaram.

Conheço e convivo com o casal Nelson e Neusa há mais de 20 anos, devido a uma forte amizade criada entre meus filhos e os netos do casal, assim como entre mim e a filha deles, Nilma.

Durante toda a nossa convivência pude testemunhar que o amor, o carinho e a dedicação entre eles sempre foi mútua e de uma sinceridade incontestável. Onde estava um, encontrávamos o outro: na feira, na igreja, nas festas, os dois sempre estavam juntos.

Com a doença de dona Neusa, visivelmente percebi a tristeza que se abateu sobre o casal, principalmente quando dona Neusa foi internada numa casa de repouso devido ao agravamento de seu estado de saúde. Mas nem por isso seu Nelson deixou de visitá-la TODOS OS DIAS, com o maior carinho e dedicação. Em toda a minha convivência, nunca presenciei desavenças entre eles, muito pelo contrário. A dedicação, o carinho e a preocupação só fez aumentar durante o tempo de enfermidade de dona Neusa. Faço lembrar que nunca vivenciei um amor tão bonito quanto o dos dois.

Triste pela situação da família, principalmente por tudo o que o sr. Nelson está passando.

Ana Paula Caliman, amiga da família.

Declaro que a Sra. Neusa Maria Golla esteve hospedada nessa instituição no período de 17/12/2013 a 28/09/2014. Durante sua internação, recebia visitas diárias de 30 a 40 minutos do sr. Nelson Golla (esposo) e também dos netos. Apresentando-se sempre comunicativo, espontâneo e alegre, não só com a esposa, mas também com os outros internos e funcionários.

Responsável e assíduo às necessidades para complemento das atividades de vida diária da hóspede, sua esposa.

Luciane Alves Costa Teodoro, enfermeira, proprietária da casa de repouso Novo Lar.

O último abraço

Bom dia. Sou ex-aluna da Nilma, filha do Sr. Nelson e da Sra. Neusa. O que tenho a dizer é que a convivência entre os pais dela sempre foi um exemplo de companheirismo para mim. Por diversas vezes eles cuidavam dos filhos dela durante o horário de aula e apesar de a Nilma ser uma pessoa maravilhosa, grande parte do que seus filhos são foi por causa dos avós, que sempre os trataram com muito carinho e amor.

Eles sempre foram muito atuantes na comunidade da Igreja São Pedro, sendo inclusive parte do coral da igreja.

Sr. Nelson e dona Neusa sempre deram suporte para os filhos, e nunca vi sequer uma briga entre eles. Sempre trataram a mim e aos amigos e vizinhos com muito respeito. Nunca ouvi ninguém dizer algo ruim deles.

Realmente, o que aconteceu para mim foi um ato de amor desesperado.

Estou abalada com o ocorrido e realmente espero que o Sr. Nelson seja abençoado e possa passar por esse momento e dor intensa da forma mais tranquila possível.

Tainá da Costa Aizani, ex-aluna da filha, Nilma.

José Celestino Filho, Plácido José de Oliveira e Jair José de Oliveira, irmãos da falecida Neusa Maria Golla, vêm pela presente declarar que Nelson Irineu Golla sempre demonstrou ser uma pessoa de bom caráter, bom pai e esposo. Conhecemos o sr. Nelson há mais de 40 anos e nunca foi observado nenhum comportamento que o desabonasse.

Como irmãos da falecida, estamos em luto pelos acontecimentos, mas tendo em vista o fato de nossa irmã Neusa ter passado por vários problemas que a impossibilitaram física e mentalmente, e que o seu sofrimento só aumentava, o que acompanhamos de perto, entendemos o comportamento do seu esposo, Nelson.

Frente ao seu passado de bom marido, bom pai e bom amigo, o sr. Nelson continuará sendo de nossa alta estima e amigo, e continuará recebendo o nosso apoio e amizade.

José, Plácido e Jair, os irmãos de Neusa.

Foi um alívio para Nilson, Nilma e Junior quando perceberam a presença dos tios no enterro da mãe e, mais ainda, quando eles aceitaram escrever a carta. Desde que tudo acontecera, uma grande preocupação dos sobrinhos era saber como reagiriam. Será que entenderiam o que Nelson fez? Ou também o acusariam do assassinato da irmã? Era um conforto saber, enfim, que eles estavam do lado do pai.

José (o Paçoca), Plácido e Jair ficaram chocados com a atitude do cunhado, mas não podiam acreditar que Nelson tivesse feito aquilo por querer o mal à mulher com quem estivera durante 54 anos.

— Nunca, em nenhum momento, acreditamos que ele faria qualquer coisa de ruim para a Neusinha. Ela estava tão fraca que eu ficava só esperando o telefone tocar para avisar que ela tinha falecido. A gente tratava como se fosse questão de tempo — disse-me Paçoca num encontro em sua casa, nos arredores da Vila Prudente, meses depois do acontecido. — Ele fez o que fez porque não conseguiu aguentar ver a mulher sem poder nem mesmo beber um copo d'água.

Os advogados Ivan e Audalécio redigiram o pedido de revogação da prisão preventiva de Nelson baseados no apoio dos "irmãos da própria vítima", nas declarações de conhecidos e da proprietária da Novo Lar, que atestavam "a boa índole do acusado". "Nelson Golla possui inabalável caráter moral e de carinho, seja com vizinhos, amigos ou parentes", escreveram. Na sexta-

-feira, 3 de outubro de 2014, encaminharam o pedido à juíza que cuidaria do caso, Marcela Raia de Sant'anna, da Primeira Vara do Tribunal do Júri da Comarca de São Paulo. Esperavam que fosse o suficiente para provar, se não o amor, pelo menos que aquilo não fora feito por maldade.

Assim como as enfermeiras do hospital, em pouco tempo os policiais também se afeiçoaram à história de Nelson e Neusa. Ismael era o nome do guarda que tomava conta do quarto no período da tarde. Um dia, após o café da tarde (ele tinha de se virar para comer com um dos braços algemados), Nelson desabafou:

— É, Ismael, nossa cultura não aceita esse tipo de coisa. Nossa cultura é isto que você está vendo aqui: tem que morrer à míngua num hospital. Aí está tudo certo e dentro dos conformes. É isso que Deus quer pra gente e é o que a Justiça quer pra gente. Agora virei criminoso. Infelizmente, estou errado. Sou um criminoso.

Visitas médicas se sucediam, e, aos doutores, Nelson queixava-se de dores no peito. Disse que sentia gosto de sangue na boca e tonturas. Passou por fisioterapeuta, clínico geral, psicólogo, neurologista. Sempre havia alguma dor a indicar. Como ele sobrevivera a uma explosão no peito, os médicos não se negavam a pedir mais exames. Conhecendo-se o histórico de Nelson em relação à medicina, era irônico pensar que agora ele não queria deixar o hospital de jeito nenhum. A outra opção era a cadeia.

Por volta das 21 horas de quinta-feira, 2 de outubro de 2014, em seu quarto dia de internação, ele recebeu a visita da delegada Virginia Furlaneto. Ela vinha para tomar seu depoimento. Nelson a recebeu de bom grado, queria mesmo relatar sua história.

Ciente da acusação que lhe é imputada e de seus direitos constitucionais, inclusive o de permanecer calado [...], o interrogado respondeu que esteve casado com Neusa Maria por 47 anos, tiveram três filhos e sempre viveram em perfeita harmonia. Ocorre que, há seis anos, Neusa passou a ter sérios problemas de saúde e acabou por sofrer um acidente vascular cerebral, que deixou sequelas. Com o passar do tempo, foi ficando cada vez mais debilitada. Os filhos optaram por interná-la numa casa de repouso no Parque São Lucas, sendo que o interrogado diariamente a visitava e foi notando que, a cada dia que passava, Neusa piorava. [...] Como Neusa sempre disse quando ainda conseguia falar que aquilo não era vida, que queria morrer, o interrogado, ao ver que a situação de Neusa só piorava, passou a pensar sobre o pedido da esposa [...] Por várias vezes, dizia a Neusa que não tinha coragem de fazer o que ela queria. Certo dia, perguntou a Neusa se ela queria que ele explodisse tudo ali, e ela disse que sim. A partir daí, o interrogado decidiu usar explosivo, por achar que aquela era uma maneira mais fácil de acabar com a vida dos dois [...] No domingo, novamente levou a bomba e a bisnaga com a água de coco, Neusa tomou e, quando o interrogado foi dar a água novamente para ela, a cuidadora viu e retirou a bisnaga de sua mão, dizendo que iria mostrar para Luciane. Ao retornar, lhe chamou a atenção. Nesse momento, ficou nervoso e tomou coragem para fazer o que tinha que ser feito. [...] Pensou que tudo havia dado certo, pois viu que Neusa estava quieta, acreditou que fosse morrer, notou que havia uma grande movimentação de pessoas e logo foi socorrido. O interrogado acredita que Neusa descansou e informa que apenas pôs fim ao sofrimento de Neusa. Sua intenção era pôr fim ao seu sofrimento e ao da esposa. Nunca foi preso ou processado. Quer consignar que gostaria "que alguém acabasse com sua vida" (sic).

São Paulo, 2 de outubro de 2014.

O depoimento foi anexado ao inquérito policial e enviado no dia seguinte para a juíza Marcela Sant'anna, que decidiria se Nelson poderia ou não responder ao processo em liberdade. A rapidez com que o caso se desenrolou a partir daí — do encaminhamento do testemunho de Nelson e das cartas de amigos e parentes até a decisão da juíza — surpreendeu os advogados. Na segunda-feira, dia 6, a juíza proferiu seu despacho.

> Em que pesem a gravidade do crime atribuído ao autuado, as circunstâncias em que ele foi cometido, a comprovação de residência fixa e de emprego lícito, aliadas à sua primariedade, demonstram que, em liberdade, não representará risco à garantia da ordem pública, à lisura da instrução processual nem à futura aplicação da lei penal. Revogo, pois, sua prisão preventiva.

No mesmo dia, foi publicado o alvará de soltura de Nelson Golla. Ele poderia responder em liberdade ao processo por assassinato da esposa. A alta médica veio logo no dia seguinte, em 7 de outubro, um sábado, seis dias após a internação. Apesar da saúde estável, Nelson necessitaria de acompanhamento psicológico e psiquiátrico. Ele pediu apenas que a alta fosse à tarde, para poder encontrar mais uma vez o guarda Ismael. Ao despedir-se do policial, como lhe era de hábito, Nelson chorou.

11.

Mesmo com a alta, os médicos de Sapopemba fizeram um alerta aos filhos sobre um risco maior do que eventuais complicações dos ferimentos. O receio era o de que, sozinho, ele poderia tentar suicídio — como fizeram dois de seus irmãos. Nelson teria de ser acompanhado 24 horas. A orientação pegou-os de surpresa em meio ao turbilhão daquela semana. Como cuidar do pai que poderia continuar pensando em morrer? Após uma conversa breve, Nilson, Nilma e Junior decidiram que era uma responsabilidade grande demais zelar o tempo todo por sua vida. Seria melhor procurar ajuda. Levá-lo a uma clínica psiquiátrica, talvez? Os três netos se ofereceram para revezar-se nos cuidados ao avô, mas a família não concordou.

Para ganhar tempo, os filhos marcaram exames no hospital Sancta Maggiore, no bairro da Mooca. De Sapopemba, Nelson foi levado diretamente para lá. Ele acreditava estar indo para casa e, com um calmante circulando nas veias, cantarolava no banco de trás do carro. No hospital, se disse "feliz da vida" por voltar ao sobradão da frente do parque. Quando notou o local em que os filhos estacionavam, revoltou-se e não parou mais de reclamar: "Puta que o pariu, eu recebi alta. O que tô fazendo aqui", era a tônica dos seus resmungos.

Nelson ainda estava fraco e precisava de ajuda para andar. Os filhos temiam pelo que ele poderia fazer quando o calmante perdesse o efeito e avisaram a uma enfermeira que preparasse uma nova dose. Enquanto aguardava, Nelson dormiu numa cadeira. Acordou minutos depois e começou a falar. Estavam ao seu lado o filho Nilson e Giovanni, o neto mais velho.

— Puta vida, eu errei lá. Estourou tudo lá, um barulhão danado. E as velhinhas lá, estão bem?

— Estão bem, pai. Não aconteceu nada com elas.

— Caramba! Uma hora dessas aqui vocês estariam rezando por mim no cemitério. Essa hora aqui eu já estaria lá no céu ou no inferno.

— ...

— Tá vendo aquela janela ali? Vou ver se pulo aquela janela. Já que não deu certo lá na clínica.

Nilson e Giovanni se entreolharam. Nelson continuava dopado, a moleza na voz o denunciava, mas eles nunca o ouviram falar daquele jeito antes.

— Já estou fodido mesmo. Pulo essa janela, vou pro beleléu e se acaba tudo.

Nilson e Giovanni se olharam novamente, e a mesma ideia ocorreu aos dois.

— Ó, pai, você quer se jogar daquela janela? Vai lá, pula. Pode pular.

— Eu ajudo, vô! Quer que eu abra a janela para o senhor? Pode pular!

Nelson fitou-os com confusão.

— Sério, pai, a gente abre... Vai lá.

Nelson continuou só olhando.

— O senhor está no térreo — disse Giovanni, rindo.

Os familiares não sabiam ainda como lidar com aquela situação, e pareceu-lhes que bom humor não faria mal. Nos meses seguintes, teriam de enfrentar um tema tabu em muitas sociedades, ou poderiam se calar sobre o assunto, como fazem muitas famílias.

A médica que atendeu Nelson no Sancta Maggiore indicou uma clínica psiquiátrica. Havia vagas, o convênio cobria — àquela altura nem era preciso muito mais. Naquele mesmo dia, no início de outubro de 2014, foi internado na clínica Vera Cruz, no bairro do Jaçanã, Zona Norte de São Paulo. Ele reagiu mal, como era de se esperar:

— Já que todos pensam que sou louco mesmo, vou lá com os outros loucos pra ver se me encontro.

Os filhos aliviaram-se por poder deixá-lo em mãos profissionais. Eles saberiam o que fazer com um homem que, de marido dedicado, fora reduzido a assassino e potencial suicida. Era duro, mas era assim que a sociedade o veria.

Na clínica, um prédio de dois andares construído num grande terreno arborizado, Nelson teve tempo de refletir sobre o que fez. Sentia falta de Neusa, pensava nela todos os dias, durante a noite e as longas caminhadas no pátio, sombreado por uma frondosa mangueira, uma amoreira e alguns pinheiros. Mas não se arrependia. Era um alívio não acompanhar mais a queda da mulher. Como escrevera numa das cartas que deixara, endereçada à clínica Novo Lar, acreditava que seu ato foi eutanásia.

Nelson falou bastante desse assunto na Vera Cruz, em consultas diárias com psicólogos e em terapias de grupo. Seu entendimento de eutanásia, basicamente, era evitar um sofrimento que considerava desnecessário. Neusa estava sofrendo, havia quatro anos só decaía e dava sinais de que não melhoraria mais... O que estava fazendo aqui?

— Aquilo é uma judiação. Você vê que eram pessoas que não tinham mais recursos, não tinham mais conserto. Ficam vegetando lá. Isso não pode — falava Nelson. E repetia: — Ficam vegetando lá na cama! Tenho um pensamento de que é melhor morrer do que deixar sofrer. Eu via as velhinhas lá. Puta que o pariu. Dava dó! Fica só deitadinha, esperando a morte chegar. Se é pra deixar os velhos esperando a morte chegar, já dá um jeito de abreviar a morte deles, fazer morrer mais cedo.

Legalmente, não faz diferença a Nelson se o que ele fez foi ou não eutanásia. Como o processo contra ele não o deixa esquecer, a prática de eutanásia é crime no Brasil, enquadrada como homicídio e considerada antiética pelo Conselho Federal de Medicina. Médicos não podem dar a um paciente terminal a chamada morte piedosa, quanto mais um cidadão comum. Outro problema era a forma como Nelson escolhera fazer o que fez.

Nas sessões de terapia individuais, ele falou com os psicólogos sobre lugares onde a eutanásia era permitida:

— Lá na Europa tem lugar que pode, mas no Brasil ainda vai muito longe. O país é muito religioso.

Os profissionais citaram alguns casos emblemáticos, como o da americana Terri Schiavo, que em 1990 sofreu uma lesão cerebral que a deixou em estado vegetativo, aos 27 anos. Em 2005, sua família conseguiu permissão para retirar o tubo de alimentação que a mantinha viva, e ela se tornou um dos símbolos do movimento pelo direito de morrer nos Estados Unidos. Na terapia de grupo, os psicólogos falaram de quatro estados americanos que permitem a eutanásia: Oregon, Washington, Vermont e Texas.

A eutanásia também é permitida por lei na Holanda, na Bélgica e em Luxemburgo. A Suíça permite suicídio assistido — com clínicas especializadas na prática — desde 1942. Vários outros países europeus autorizam ajuda para morrer — como Alemanha,

O último abraço

Áustria, Suécia e Dinamarca, entre outros — com gradações de tolerância e legislações específicas. Na América do Sul, no Uruguai e na Colômbia, a Justiça não penaliza quem comete o "homicídio piedoso", embora a eutanásia não esteja legalizada como prática.

Nelson dissera aos psicólogos que, "por aqui, ninguém quer levar esse assunto adiante".

— Os políticos engavetam esse tipo de coisa, aborto, tudo, quando chega pra eles. Tinham que se conscientizar, porra — completou.

No Brasil, a discussão sobre a liberdade para escolher a própria morte ainda é incipiente. Há avanços, como a Lei estadual 10.241, de 1999, que permite às pessoas, dentro do estado de São Paulo, "recusar tratamentos dolorosos ou extraordinários para tentar prolongar a vida". Outro avanço ocorreu em 2006, quando o CFM aprovou uma resolução (1805/2006) que prevê que "na fase terminal de enfermidades graves e incuráveis é permitido aos médicos limitar ou suspender procedimentos e tratamentos que prolonguem a vida do doente, garantindo-lhe os cuidados necessários para aliviar os sintomas que levam ao sofrimento, na perspectiva de uma assistência integral, respeitada a vontade do paciente ou de seu representante legal". Nelson não sabia da existência dessas normas nem foi informado nas instituições de saúde por onde passou se o caso de Neusa poderia se encaixar em alguma delas.

Procurei Reinaldo Ayer de Oliveira, professor de Bioética da Faculdade de Medicina da Universidade de São Paulo, autor de 13 artigos acadêmicos sobre eutanásia e terminalidade da vida, e contei-lhe a história de Nelson. Ayer participou das discussões que culminaram na Resolução 1805 do CFM e expôs um panorama sobre como a terminalidade da vida vem sendo tratada no Brasil a partir de meados dos anos 2000.

— Primeiro, o código de ética médica decidiu o que não queremos: devemos denunciar a morte ruim, que é a distanásia, o prolongamento desnecessário da vida. Isso é proibido — iniciou o professor, conselheiro do Conselho Regional de Medicina de São Paulo (Cremesp). — Depois, chegamos à conclusão de que o que queremos é a ortotanásia, a morte natural, no tempo certo, sem interferência da ciência em casos incuráveis e sem persistência terapêutica em pacientes irrecuperáveis. É um assunto que vem evoluindo. Agora, acho que está chegando a hora de discutir a eutanásia. A gente tem muito temor, não está no Código de Ética Médica, a legislação brasileira proíbe, mas estou notando que está chegando a hora de discutir a fundo a eutanásia e o suicídio assistido no Brasil.

Não se trata apenas de crença, mas de pressão social, ele explicou. Quando um tema começa a ser discutido nos conselhos de medicina, é porque de alguma forma já acontece na sociedade.

— Temos uma situação interessante hoje. Há pacientes que são mantidos em cuidados paliativos, às vezes recebendo algum tipo de tratamento, e estão desesperançosos. Então eles não veem mais motivo, não encontram mais um porquê de estar vivendo. E reclamam disso: "Estou cansado, não é o que quero..." E poderia ser ofertado a esse indivíduo: "Então o senhor quer partir?" "Ah, acho que quero." E então a gente pensa: "Será que isso já não está acontecendo?" A gente sempre discute em função daquilo que pode estar acontecendo. Há alguns médicos que têm essa dinâmica com seus pacientes. "O que o senhor está achando?" "Estou achando que não está bem." E aí a ciência entra para ajudar.

Ayer falou como acredita que um caso como o de Nelson possa se encaixar nessa discussão:

— Se você deixa por conta do indivíduo, pode acontecer uma coisa desse tipo: ele pega uma bomba e explode. Para ele, morte é isto: explode uma bomba na pessoa e ela morre. Ele provavelmente não tinha o conceito de que morte pode ser feita de outras maneiras, ou achou que não podia de outro jeito. A quantidade de sofrimento que ele aguentou deverá ser considerada nos tribunais. É um caso dramático, que deve suscitar discussão nos conselhos.

Foi um caso extremo, uma decisão tomada no limite do desespero, que pode exemplificar como acontecimentos do dia a dia pautam os debates nos conselhos.

— A sociedade avança mais rápido do que a ciência e a moral As discussões éticas seguem logo depois. E só depois é que vem a norma. A eutanásia vem da sociedade para as áreas da saúde, da antropologia, da sociologia. É basicamente uma discussão social que o Brasil também terá de fazer — disse Ayer.

A possibilidade de o indivíduo relacionar-se com o ambiente que o cerca é crucial na discussão sobre o prolongamento ou não de uma vida. A pessoa consegue interagir com o meio? Responde a estímulos? Perguntei a Ayer quando a eutanásia seria aceitável.

— Do ponto de vista da clínica médica, quando não se consegue resolver um problema de dor. Ou quando você percebe que o caso não tem mais solução, quando uma pessoa chega com um problema muito grave, um acidente de trânsito horrível, por exemplo, um rompimento total do abdômen, que não seria mais tratável. O que fazer? Dar uma sedação profunda, aí a pessoa tem uma parada cardiorrespiratória — disse. — Mas isso em termos da clínica médica. Sobre eutanásia como opção, seria basicamente quando o indivíduo não consegue ter contato com o meio ambiente, de forma irreversível. O indivíduo não consegue e não vai conseguir voltar a ter contato. Nesse momento, quando isso está acontecendo, há uma nítida separação entre o que é um ser biológico e um ser de biografia. Temos uma biografia e uma biologia, e exercemos isso o tempo todo. Vou chegar em casa e me alimentar. Assim mantenho esse meu eu biológico. Depois, leio um livro, converso com um familiar. Mantenho minha biografia. No momento em que você separa isso, tem um ser biológico que, em tese, poderia ser mantido por meio de alimentação e hidratação artificiais. Mas e o ser biográfico? Não tem como resolver esse problema. No momento em que há essa separação, não tem como manter esse indivíduo vivo.

A angústia causada pelo próprio envelhecimento da população está na raiz do crescimento do apoio ao direito de morrer, especialmente em países ricos. Não é à toa que Estados Unidos, Canadá e muitos países europeus — onde pessoas acima de 65 anos compõem os grupos populacionais que crescem mais rapidamente — se mantêm na dianteira desse debate. Esta também é uma das críticas de quem se opõe à prática: que não são os grupos idosos os maiores interessados em saídas como o suicídio assistido, mas uma geração mais jovem, que busca o conforto de saber que poderão decidir como terminarão suas vidas.

No caso de Nelson, a incapacidade de tolerar a vida que levava (e que a mulher levava) foi fundamental para que tomasse a decisão. Aos profissionais da clínica Vera Cruz, ele repetira suas razões:

— Você pode até ser contra a eutanásia, mas basta ir a uma casa de repouso, um asilo, e vai mudar automaticamente de opinião. A não ser que vá só uma vez. Mas se for todos os dias... Se for todo dia, você muda de opinião.

Após quatro anos acompanhando o declínio da mulher, ele julgou que a qualidade de vida que ela tinha já não era mais suficiente para que se mantivesse viva. As maneiras de diminuir o sofrimento são tratadas por uma área específica da medicina: os cuidados paliativos, cujo objetivo, segundo a Organização Mundial da Saúde, é o "alívio do sofrimento e da dor, possibilitando a qualidade de vida". Seguindo a definição da OMS, a abordagem paliativa defende "afirmar a vida e considerar a morte como um processo natural; não pretende nem apressar nem adiar a morte; prevê apoio psicológico e espiritual aos pacientes; oferece suporte para ajudar os pacientes a viverem o mais ativamente possível até a morte; oferece um sistema de apoio aos familiares durante a doença do paciente e para auxiliá-lo em sua própria perda", entre outros pontos.

No caso de Neusa, pode-se pensar que, se ela tivesse um acompanhamento baseado nesse conceito, tanto ela quanto Nelson teriam mais tranquilidade naquele momento difícil. Aliás, ele também teria sido acompanhado mais de perto — e a vida de sua esposa poderia ter terminado naturalmente algum tempo depois. Quem trabalha com cuidados paliativos costuma argumentar neste sentido: com o alívio do sofrimento, a busca pela morte voluntária também diminui.

Um dos problemas da abordagem paliativa no Brasil, segundo me contou a professora Maria Júlia Kovács, do Laboratório de Estudos sobre a Morte do Instituto de Psicologia da USP, é a falta de informações em hospitais e clínicas de repouso:

— A disseminação do conceito de cuidados paliativos é pífia no país. Há alguns programas em hospitais públicos e clínicas geriátricas, mas é incipiente. Nesse caso, por exemplo, o mais provável é que a informação sobre esse tipo de tratamento não tenha chegado até ele, como geralmente não chega às famílias.

A clínica Novo Lar considera que sua maneira de trabalhar, com visitas médicas multidisciplinares, já está dentro da abordagem paliativa. Da parte de Nelson, seria difícil esperar que procurasse um médico por conta própria para falar da situação da mulher e buscar alternativas. Seu histórico pessoal anulava a possibilidade.

Em comum entre os países que permitem a eutanásia está um forte reconhecimento do princípio da autonomia — cada cidadão tem liberdade e poder de decisão em relação a todas as fases da vida, inclusive a morte.

— Um dos pilares dessa autonomia é a preocupação com a dignidade da pessoa. Eu me relaciono com o meio, quero me relacionar, como me relaciono. Em determinado momento, a pessoa pode decidir se quer ou não continuar — disse-me o professor Ayer.

Ao tomar sua decisão, Nelson disse ter pensado nos pedidos feitos por Neusa meses antes, quando ainda podia falar. Ela dizia "quero morrer", e aquilo não lhe saía da cabeça. Faz pensar na definição do que é eutanásia em lugares onde a prática é autorizada. Em março de 2014, a Bélgica tornou-se o primeiro país do mundo a autorizar crianças "com capacidade de discernimento e vítimas de doença incurável" a optar, como os adultos, pela morte piedosa. Lá, a definição de eutanásia, por lei, é "o ato, realizado por terceiros, que faz cessar intencionalmente a vida de uma pessoa a pedido dessa pessoa". Leva-nos à questão sobre se Neusa sabia qual seria seu destino.

Nelson e Neusa estavam juntos havia 54 anos. Nos últimos tempos, ela já não falava; apenas o olhava fixamente. Ele se aproximou e, mais de uma vez, disse à mulher:

— Vamos embora daqui, vou dar um jeito de tirar a gente daqui.

Neusa apenas o fitava. Às vezes, chorava.

Apesar de não poder falar, ela podia resmungar e gritar. A enfermeira Luciane estava no pátio da clínica, sentada a menos de 3 metros da janela do quarto de Nelson. Ela disse à polícia e depois a mim que não ouviu som algum vindo do quarto. Nem os resmungos habituais que Neusa emitia quando sentia dor nem os gritos que soltava quando a levavam para o banho, ou quando a mudavam de posição na cama. Era domingo e a clínica estava em silêncio, quebrado apenas pela explosão. Luciane acredita que esse é um bom indício de que Neusa sabia dos planos do marido.

— Imagina você numa cama, uma pessoa vem e põe uma bomba no seu peito. Você não tem reação? Ela podia gritar. Mesmo que tivesse dificuldades de falar, ela gritava. Mas não houve gritos. Na hora estava um silêncio tão grande que pensei que ele deveria estar parado na beira da cama, sem conversar. Então acho que ela queria isso. Se não, a defesa dela seria o grito, ou pelo menos resmungos altos. Mas estava um silêncio total. Só escutei o estouro. Aquele estrondo horrível.

Depois que tudo acabou, Nelson disse aos filhos, à polícia e aos seus advogados que Neusa sabia o que ele planejava. Foi também o que disse a mim. Não era um plano fechado, com data e hora para acontecer. Mas ele tinha essa ideia. Tinha essa intenção. Nelson comprara os morteiros e queria tomar uma decisão. Havia dito à mulher mais de uma vez que a tiraria dali. Conversava com ela sobre isso. Neusa já não falava, mas ele acreditou que ela entendia. Após mais de meio século juntos, como não iria entender? Ele achou que a compreensão era mútua e considerou que aquele também era um desejo dela. Só não foi mais enfático, não criou um "pacto", porque nem ele próprio tinha certeza se teria coragem suficiente para fazer aquilo. Em uma de nossas conversas, deixou isso claro:

— Ninguém está preparado para nada disso. Pode pensar o quanto quiser que, na hora, ninguém está preparado.

Nelson já não conseguia mais refletir sobre isso — queria apenas fazer. Atingira um daqueles "lugares desertos e sem água onde o pensamento chega aos seus limites", como escreveu o filósofo franco-argelino Albert Camus em seu mais célebre ensaio sobre o suicídio, O mito de Sísifo. Ele sentiu o impulso necessário apenas quando foi contrariado pela auxiliar de enfermagem. "O que desencadeia a crise é quase sempre incontrolável", prosseguiu Camus, para quem um gesto pequeno "pode ser suficiente para precipitar todos os rancores e todas as prostrações ainda em suspensão". No mesmo ensaio, Camus diria que "é difícil fixar o instante preciso, o percurso sutil em que o espírito apostou na morte". No caso de Nelson, pode-se iluminar pelo menos parte desse caminho, com base em suas memórias, angústias e frustrações.

Encontrei os filhos de Nelson e Neusa em várias oportunidades a partir de dezembro de 2014. Eles disseram acreditar que a mãe sabia e concordava com o plano do pai.

— Se estou junto com a minha mulher há cinco anos e nos entendemos só pelo olhar ou pelo tom da voz, imagine como é depois de mais de cinquenta anos casados? — disse-me Junior.

— Ela falou tantas vezes que queria morrer... Desde que começou a piorar, ainda em casa, quando não queria mais sair do quarto. Depois, na Novo Lar, falou várias vezes. Nos momentos deles sozinhos, ele deve ter falado a ela, eles devem ter combinado. Ele não cometeria esse ato sem que ela consentisse. É como acredito que aconteceu — disse Nilson.

A filha Nilma diz que o pai "não ousaria" fazer o que fez sem o aval de Neusa.

— A vida inteira meu pai sempre esperou uma resposta final da minha mãe. Antes de fazer alguma coisa, ele sempre perguntava, e ela tinha que responder sim ou não. Tenho certeza de que se minha mãe manifestasse "não, não vai fazer isso", com certeza ele não faria — disse ela.

Nenhum dos filhos e netos disse guardar rancor da atitude de Nelson.

— A forma como ele escolheu dá para questionar, isso é óbvio. Mas ele estava desesperado. O que fez foi um alívio para todos nós e principalmente para minha mãe — disse Nilson, o único que entrou no quarto na Novo Lar após a explosão. — Olhei para ela lá na cama e ela pareceu estar sorrindo. Acho que naquele momento ela teve uma prova de que ele realmente a amou de verdade todo esse tempo. Pensou: "Poxa, ele realmente me ama até o final." Por isso acho que ela estava sorrindo, teve aquele sentimento, sentiu uma realização. Uma realização total.

Para Nilson, a mãe morreu realizada. É como ele vê.

"Matar-se, em certo sentido e como no melodrama, é confessar. [...] Trata-se apenas de confessar que isso 'não vale a pena'. Viver, naturalmente, nunca é fácil. Continuamos fazendo os gestos que a existência impõe por muitos motivos, o primeiro dos quais é o costume. Morrer por vontade própria supõe que se reconheceu, mesmo instintivamente, o caráter ridículo desse costume, a ausência de qualquer motivo profundo para viver, o caráter insensato da agitação cotidiana e a inutilidade do sofrimento", escreveu Camus.

Em determinado momento, Nelson deixou de ver sentido na vida que levava: de casa para a clínica, algum tempo com a mulher debilitada, de volta para casa. Ele acreditava que seu outro braço logo ficaria ruim, depois as pernas, e ele em breve também estaria acamado. Não quis esperar por isso.

"Não há nada mais especificamente humano que o suicídio, pois apenas o ser humano é capaz de refletir sobre sua própria existência e de tomar a decisão de dar-lhe fim", escreveu o sociólogo francês Jean Baechler, outro estudioso do tema. No mundo, uma pessoa se suicida a cada 40 segundos — são 1 milhão de mortes por ano, segundo dados da OMS compilados pelo psiquiatra brasileiro José Manoel Bertolote, criador do Programa Global de Prevenção ao Suicídio da mesma organização. Comparando-se com as médias mundiais, as taxas de suicídio no Brasil são consideradas baixas: aparece na 72ª posição na classificação de países com maiores "taxas" de suicídio no mundo — chega-se a esse resultado dividindo-se o número de casos de suicídio pelo número de pessoas em risco. Consideradas as médias mundiais, as taxas de suicídio mais elevadas são encontradas entre as pessoas mais idosas — com pico na faixa etária dos 75 anos. "Há mesmo uma relação direta positiva entre idade e taxa de suicídio", escreveu Bertolote no livro *O suicídio e sua prevenção*.

Poucos estudos no Brasil relacionam suicídio e idade avançada. Um dos mais completos deles, feito em 2012 por pesquisadores da Fundação Oswaldo Cruz, no Rio de Janeiro, mostrou que, em dez anos, 91.009 pessoas se suicidaram no país. Do total, 14,2% (12.913 óbitos) ocorreram com pessoas com 60 anos ou mais — média anual de 1.076 idosos, ou três suicídios de pessoas idosas por dia no Brasil. Os autores do estudo fazem a ressalva de que os números não refletem toda a realidade, pois sabidamente há um sub-registro, por questões religiosas, estigma, preconceito, implicações policiais e legais.

— O suicídio, em todas as idades, é um fenômeno complexo, de causas múltiplas, e não se pode atribuir sua ocorrência a um único evento — disse-me a coordenadora do estudo, Cecília Minayo. Pode-se falar em fatores de risco comuns a essa fase da vida. — Os principais fatores são o apoio social reduzido, o isolamento, o luto, o abuso do álcool, a perda da independência, a depressão, e doenças limitadoras típicas da idade — explicou.

O estudo mostrou também que suicídios masculinos ocorrem muito mais do que os femininos: em algumas cidades, chegam a ser até quatro vezes mais frequentes. Os métodos escolhidos por homens costumam também ser mais violentos. Para homens e mulheres, a forma mais comumente escolhida é o enforcamento (58,2% dos suicídios masculinos e 49,8% dos femininos). Entre os homens, aparece em segundo lugar o uso de armas de fogo (14,9% dos homens se suicidam assim, ante 4,5% das mulheres).

O governo brasileiro lançou em 2006 o Plano Nacional de Prevenção ao Suicídio, que contempla "organizar uma linha de cuidados integrais, com promoção, prevenção, tratamento e recuperação, em todos os níveis de atenção" do sistema de saúde brasileiro. Foram elaboradas cartilhas e feitos discursos sobre a prevenção do problema. Falou-se em tratamento da depressão, programas de exercício físico, de estímulo para o contato social e em projetos de identificação de pessoas sob risco. Na clínica psiquiátrica, Nelson recebeu uma dessas cartilhas e ouviu falar das ambições do projeto. Também escutou que, além da publicação que tinha em mãos, nada mais saíra do papel.

Nelson gostou do tratamento que recebeu na clínica Vera Cruz. Desde o primeiro dia, ficou na área de internação, reservada a pessoas que ainda podiam causar algum dano a si próprias ou a outros. Fez amigos, "batia papo com os loucos" no pátio, conversava com enfermeiras e médicos na hora das refeições. Estava melhorando. Ele notou que os talheres do refeitório eram de aço — garfos e facas de verdade, de metal. Nada impedia que levasse a cabo os mesmos impulsos que tivera algumas semanas antes, no Hospital Sapopemba. Chegou a pensar nisso, mas a vontade arrefecera. Passava o tempo jogando damas e xadrez.

Ele só não falava dos motivos que o levaram a estar ali. Quando lhe perguntavam, dizia que era depressão. Um dia informaram-no que ele tinha condições de evoluir no tratamento: sairia da Internação e iria para um setor chamado Permanência/Dia, onde haveria mais conversas com psicólogos e poderia participar de oficinas e atividades em grupo. Ele se irritou e pediu que voltasse para o regime de internato, com atendimento apenas individual. Quando receberam a notícia, os filhos se perguntaram se o pai queria mesmo voltar à vida normal.

Era uma sexta-feira, 19 de dezembro de 2014, quando Nelson recebeu alta, com recomendação de visitas periódicas a um psiquiatra e receita de um antidepressivo. Haviam se passado quase cinquenta dias desde a explosão que matara Neusa e o poupara. A filha Nilma e o namorado, Walter, foram buscá-lo. Ela avisou a amigos e familiares que o pai estaria de volta e instigou-os a visitá-lo no fim de semana. Alguns disseram que o recepcionariam em casa, naquele mesmo dia. Acabaram tendo de esperar um pouco mais, pois, no caminho de volta, quando se aproximavam da casa da família, Nelson fez um pedido à filha.

— Vire à direita.

Ela sentiu um aperto, pois entendeu imediatamente que o pai apontava na direção do cemitério da Vila Alpina.

— Vamos fazer uma visita — ele continuou.

Nilma se manteve ao lado de Nelson pelos caminhos que levavam ao túmulo da mãe. Ela se sentiu mal porque não renovara as flores nem mandara podar a folhagem que crescia por ali. Observou com atenção as reações do pai. Nelson parecia tranquilo enquanto caminhava, e assim se manteve ao chegar ao túmulo. Ele se aproximou da lápide, em que havia os dizeres "saudades eternas dos familiares" e, sem dizer nada, abraçou-se a Nilma. Esse tipo de gesto era raro, e a filha recorda o pai naquele momento como "uma criança perdida". Ela lhe enxugou as lágrimas e contou que o enterro foi bonito, que muita gente querida apareceu e que eles até tentaram convencer a delegada a deixá-lo ir. Nelson ouviu calado e choroso. Pouco tempo depois, sem dizer uma palavra, ele deu meia-volta e tomou o rumo do carro. Nilma o seguiu, perguntando-se como seria a vida do pai a partir dali.

12.

Nelson dorme no sofá de couro cinza da sala da casa que construiu. Desperta de repente, no meio da noite. Pé ante pé, dirige-se ao banheiro. Tenta não fazer barulho para não acordar a mulher. Neusa tem o sono leve e ele não quer atrapalhar seu descanso. Nelson abre a porta do quarto devagar e coloca meio corpo para dentro. Então se recorda que a esposa não vive mais ali.

Mais de trinta anos juntos naquela casa. Não foram uma nem duas as vezes em que Nelson levantou de madrugada e foi à cozinha preparar o café, pensando que preferiria trocar de roupa no quarto antes, mas que seria melhor não o fazer, pois não queria despertar a esposa. Levava alguns momentos para perceber que já podia dispensar esse zelo. Entristecia-se. Ou, por outro lado, seria possível que naquelas horas mortas da manhã, naqueles segundos de confusão e torpor, Neusa estivesse mesmo ali, novamente em casa, ao seu lado? Ele esperava que um dia a mulher aparecesse para falar como era o lugar onde estava.

No início, Nelson me contava apenas histórias tristes como essa.

Encontrei-o pela primeira vez na noite de 4 de fevereiro de 2015, uma quarta-feira. Fazia um mês e meio que ele voltara a casa e pouco mais de quatro meses desde a explosão. Naqueles dias, Nelson evitava sair, pois poderia encontrar conhecidos que lhe perguntassem sobre o que fizera. Ele me disse que sentia vergonha.

Minha preocupação era não dizer nada que o pudesse magoar — tudo era ainda muito recente. Perguntei como ele estava, e Nelson imediatamente levou a conversa para os tempos de internação na clínica Vera Cruz.

— Lá fui tratado que nem criança, sabe? Todo mundo me paparicando, dizendo o que eu podia e não podia fazer. Eu até estranhava: pode comer isso, não pode comer aquilo... Gostei muito.

Não percebi na hora, mas após alguns encontros pensei entender o que ele sentia: depois de anos cuidando de outro, era satisfatório ser cuidado novamente.

Sempre sentado no sofá da sala, escutei-o contar sua história. Perguntei como ele conheceu a esposa, e Nelson resumiu os 54 anos de união em menos de 3 minutos. Ele preferiria falar sobre o que fizera na casa de repouso. Pensei, com uma espécie de alívio, que minha presença ali pudesse servir pelo menos para que ele desabafasse.

— Ainda antes de casar a gente já tinha a intenção de construir uma família, ter filho, comprar uma casa. Já tinha o nome do primeiro filho antes de casar. Você se transforma completamente, fica enraizado, e já não tinha como viver sem ela — disse.

E prosseguiu, resumindo a decaída da mulher e a decisão que tomara numa só frase:

— Ela ficou ruim, ruim, ruim, e aí fiz isso que você já sabe.

Foi a forma como ele introduziu o tema que me levou a procurá-lo.

Foi ele também quem trouxe à tona uma das questões intrigantes de sua história: por que escolheu uma bomba?

— Eu tinha que fazer alguma coisa. Vi esse pessoal que fica soltando rojão no parque. Quando tem jogo, eles soltam esses fogos. E me deu a ideia. Era uma coisa que estava à mão. Comprei umas bombas para testar, vi que o estouro era forte. Não sei de onde tirei força, e aí foi.

Seria mesmo apenas isso? Facilidade, porque estava à mão? Mais tarde, depois de falar com Nelson muitas vezes, lembrei-me de Camus. A palavra que definiria a escolha dele, para mim, passou a ser reconhecimento. Para o filósofo, a existência humana é definida pelo que ele chama de "absurdo", que nasce do confronto entre duas forças opostas: o apelo do homem pelo conhecimento de sua razão de ser, de encontrar um sentido para a vida, e o silêncio irracional, ou o desprezo, do mundo que o cerca. Esse absurdo, para Camus, seria a força geradora de uma energia que, embora rejeite o homem, alimenta sua vida e suas paixões. Pensei na necessidade que Nelson sempre tivera de ser reconhecido como o homem da casa e em como se esforçara o quanto podia para melhorar financeiramente — e em como sentia que não conseguira. Pensei também em seu gosto pelo trabalho intelectual e pelas artes. Nelson é uma pessoa genuinamente curiosa e tem talentos pouco explorados, como o apreço por invenções, pela leitura e pela escrita. É também uma pessoa que não recebeu os estímulos necessários para desenvolver esses talentos. Teve de se dedicar ao trabalho braçal a vida toda. Admirava locutores de rádio e enchia cadernos com frases de autoajuda nas horas vagas.

Seria a busca por reconhecimento, nunca plenamente satisfeita, uma das razões para a escolha que fizera? A forma como optou por dar fim à vida da esposa e à sua vida teria relação com isso? Se o que Nelson queria era ser ouvido, uma explosão poderia ser um método eficaz. Camus é importante para estudiosos do tema por ter recolocado o suicídio no terreno da filosofia. Ele começa o ensaio de O *mito de Sísifo*, publicado em 1942, indicando que considera o suicídio "o único problema filosófico realmente sério". Ou seja, julgar se vale a pena viver ou não.

Certa vez perguntei a Nelson se ele era feliz. A resposta me surpreendeu, considerando o momento duro que vivia.

— Feliz você é toda a sua vida. Há períodos de tropeço, claro. Mas se parar para pensar, vai ver que viveu mais momentos felizes do que infelizes. É só reunir os cacos da sua vida. A gente é que não se dá conta, porque fica preocupado trabalhando, sempre descontente com o emprego que tem, sempre querendo mais. O indivíduo vai ser feliz se ficar contente com aquilo que tem.

A resposta me fez pensar novamente no ensaio de Camus.

Em *O mito...*, o filósofo compara a existência humana à de Sísifo, personagem da mitologia grega condenado pelos deuses a empurrar uma rocha até o topo de uma montanha, de onde ela tornava a cair. Ele então desce e recomeça o trabalho — e, assim, eternamente. Parece uma maldição, mas Camus não vê dessa forma. "Sísifo, proletário dos deuses, impotente e revoltado, conhece toda a extensão de sua miserável condição: pensa nela durante toda a descida. [...] É durante esse regresso, essa pausa, que Sísifo me interessa." Enquanto desce até o pé da montanha, ele sabe o que virá depois, tem consciência de sua sorte. "Um rosto que padece tão perto das pedras já é pedra ele próprio! [...] A clarividência que deveria ser seu tormento consuma, ao mesmo tempo, sua vitória. Não há destino que não possa ser superado com o desprezo. [...] Toda a alegria silenciosa de Sísifo consiste nisso. Seu destino lhe pertence."

Abraçar o destino com orgulho e desafio, para Camus, deve ser suficiente para garantir a felicidade a um homem. E a superação do absurdo da existência humana (o embate entre o silêncio do mundo e a busca por uma razão para estarmos aqui), portanto, está na consciência das dificuldades da vida e na própria execução da tarefa que se aceita como sua, mesmo que não haja um sentido para ela — afinal, "o homem absurdo (*Sísifo*) diz que sim e seu esforço não terá interrupção. Se há um destino pessoal, não há um destino superior ou ao menos só há um (*a morte*), que ele julga fatal e desprezível. De resto, sabe que é dono de seus dias". Camus conclui o ensaio assim: "Cada grão dessa pedra, cada fragmento mineral dessa montanha cheia de noite, forma por si só um mundo. A própria luta para chegar ao cume basta para encher o coração de um homem. É preciso imaginar Sísifo feliz."

Passei a ver de outra forma as idas e vindas de Nelson, diariamente, entre a casa e a clínica — agora, para mim, esse era o momento em que ele adquiria consciência de sua sorte, inclusive da inutilidade do que vivia junto da mulher. Passou a desprezar sua condição e a dela. Seria esse o momento em que Nelson se tornara superior ao seu sofrimento, mais forte do que a sua rocha, e teria assim, finalmente, decidido dar um fim a ele? Seria essa a forma que encontrou de superar o absurdo de sua existência naquele momento?

Em outra ocasião, perguntei o que Nelson entendia por felicidade. Ele estava diante de uma câmera de vídeo, com a qual gravávamos um depoimento seu.

— Felicidade é estar aqui comentando um pouco da minha vida — disse, sem hesitar.

Pensei então que a tentativa de cometer o duplo suicídio (ou a eutanásia, como Nelson chamou) era parte de sua tarefa. E que a tomada de consciência de que nem tudo na vida é trabalho também formava sua vitória, talvez tardia, diante de um destino que ele se impusera — ele próprio se impusera, sozinho e no terreno dos homens, pois há tempos duvidava da existência de Deus.

Nelson não esperava continuar aqui. Entretanto, como permanecera, pensei que ele poderia sentir ter recebido duas recompensas. Sua esposa de toda a vida — ao lado da qual padecera e junto de quem se tornara rocha — não sofre mais, e ele conseguiu, de alguma forma, ser ouvido. Agora, ciente do destino que criou para si, Nelson terá de prosseguir na luta para levar sua rocha ao cume. E isso — a consciência de que esse é seu destino e de que ele é obra sua — deve ser o suficiente para encher-lhe o coração. Passei a pensar que, para ser justo com ele e assim poder contar sua história, era preciso imaginar Nelson feliz.

A principal preocupação de Nelson na atual fase da vida é o desfecho judicial do seu caso. Ele teme ser condenado pelo assassinato da esposa.

— Infelizmente, para a lei, estou errado. Vamos ver o que vão dizer. A única coisa em que pensei foi livrá-la de um fardo. Ela descansou, eu vejo assim. Uma pessoa não poder conversar, não se movimentar, estar deitada numa cama com uma sonda do nariz ao estômago... Não sei, acho que acabou. Mas a nossa cultura não admite esse tipo de coisa. Não pode. Então tem que morrer sofrendo, no desespero. Será que isso é o correto? Taí uma coisa para se analisar. Acho que o ser humano, nesse aspecto, é muito maldoso. Ele não pensa em abreviar a vida do outro. Ele quer que continue. Agora, quem é que tem vantagem com isso aí? Quem não passa por essa situação condena. Mas quem vive esse sofrimento pensa duas vezes antes de falar qualquer coisa — foi como ele se defendeu quando perguntei por que fizera o que fez.

Perguntei se ele se arrepende.

— Não sei se fiz certo ou errado. Fiz o que eu achava melhor no momento e que eu achava que era melhor para ela. Mas

O último abraço

arrependido não estou. Porque ela já estava sofrendo muito. Acho que o ser humano não foi feito para isso. O ser humano foi feito para viver feliz, trabalhar, passear, brincar. Agora, não sei... — Prosseguiu emocionado: — A Neusa já não tinha... Coitada! Ela falava para mim: não aguento mais. Ela queria vir embora para casa. Não queria ficar na clínica, queria vir embora, coitada. E não tinha mais jeito.

No Fórum Criminal da Barra Funda, na Zona Oeste de São Paulo, onde tramita o processo de Nelson, o caso ficou conhecido entre advogados e estagiários como "Romeu e Julieta da terceira idade". Estive lá para encontrar o defensor público Ivan Laino, que atua no caso de Nelson. Para o defensor, seu cliente já está pagando a pena: já vive sem a mulher com quem foi casado durante mais de meio século.

— Foi por piedade, e não por crueldade. Basta conhecer a história para se convencer — disse Laino.

Não havia no processo quem se posicionasse contra Nelson — nem a clínica Novo Lar, nem os familiares de Almerinda e Luisita, nem os irmãos de Neusa, partes que poderiam acusá-lo, se dispunham a isso.

Aos poucos, à medida que voltávamos a nos encontrar, as histórias de Nelson ganhavam traços mais positivos.

— Luciana, preciso encontrar alguma coisa para fazer da minha vida, não posso ficar aqui parado — desabafou para a namorada do filho Junior.

Indicava disposição para seguir adiante. Os filhos incumbiram-no de pequenas tarefas: praticamente todas as compras da casa eram agora realizadas por Nelson, mesmo que conseguisse carregar pouco peso. Nelson passou a ir ao mercado quase todo dia. Mas valia a pena, pois em alguns dias havia promoção de um produto, outro dia promoção de outro produto, e assim Nelson levava o que precisavam. E sentia que economizava. Ao fazer as contas, ele recordava os tempos em que era a esposa a responsável pela tarefa. Às vezes olhava para o alto, mas já não chorava.

Nelson dispensou a psicóloga que lhe indicaram após uma única consulta ("ela não sabia de nada"), mas em compensação começou a participar de sessões de terapia de grupo que há no parque em frente, o mesmo em que meses antes refletia se teria coragem para concretizar o plano que fizera para a mulher e para si. Gostou tanto que pediu à atendente se poderia comparecer todos os dias. Duas vezes por semana era o máximo permitido, explicaram-lhe, pois havia mais gente a atender. Resignou-se e tratou de procurar outras ocupações para o resto da semana.

Ele aproveitou para ampliar seu repertório culinário. Voltou inclusive a pegar o metrô, após anos de intervalo. Acompanhado do filho Nilson, foi até o bairro da Liberdade, tradicional reduto oriental no centro de São Paulo. Queria fazer compras num mercado japonês, onde buscou "ingredientes legítimos" com os quais prepararia um yakisoba para a família. Na sessão de terapia de grupo que coincidiu com o dia de seu aniversário, Nelson levou um bolo de cenoura que ele mesmo preparou.

— Cresceu direitinho e ficou até meio cremoso — contou-me depois, desculpando-se por eu não ter sido convidado: só podia o pessoal do grupo.

Não se fala muito entre os Golla sobre a morte de Neusa. É a forma que escolheram lidar com o assunto difícil — o filho Junior não concorda com isso e acha que deveriam conversar mais sobre o que aconteceu.

— Não é maquiando a realidade que vamos conseguir realmente superar isso tudo. Temos de entender onde erramos e o que acertamos, do início ao fim da situação que vivemos. Não só meu pai, mas todos nós.

Nelson criou novos hábitos, mais saudáveis. Passou a caminhar todas as manhãs até o topo de uma colina próxima de casa, onde há um parque ecológico. Exercita-se durante meia hora nos equipamentos de ginástica, "umas baboseiras que tem lá pra manter o ânimo", segundo ele descreveu, e passa o tempo "respirando um pouco do ar do mato". Leva algumas garrafas PET que sempre há em casa (eles se habituaram a beber muito refrigerante) até o centro de reciclagem do parque. Ressente-se apenas do fato de os frequentadores não conversarem, não se cumprimentarem, muitas vezes não dizerem nem bom-dia. "Parecem todos inimigos!"

Certo dia, Nelson recebeu da filha Nilma a notícia de que ele tinha consulta marcada com um geriatra.

— Geriatra, Nilma? Geriatra é pra velhinho! Vou lá fazer o quê?

— Mas, pai... — preparou-se para argumentar Nilma.

A filha foi interrompida.

— Tô brincando, tonta! Vamos lá, sim.

Nelson me disse ter encontrado no geriatra, o dr. Eduardo, "mais do que um médico: um amigo". Ele dissera o mesmo aos filhos, que se surpreenderam tanto que nem graça fizeram com a mudança de postura, para não o irritar. Melhor deixar assim. Além de uma consulta tradicional, o doutor deu-lhe conselhos.

— Você tem tudo: uma filha que te traz aqui, não tem horário nenhum pra fazer as coisas, pode caminhar no parque, ir ao clube, conversar com as pessoas... Tanta gente aí que trabalha da manhã até a noite e não tem tempo nem para ver os filhos. Aproveite!

No fim da consulta, Nelson sentiu-se confortável o bastante para perguntar — desculpando-se pela "franqueza e curiosidade" — qual a religião do médico.

— Sou espírita — disse-lhe o geriatra.

Ainda decepcionado com o catolicismo, Nelson respondeu:

— Logo imaginei, tinha mesmo que ser.

— É um cara de uma bondade, de um carinho... Ele me falou pra chamá-lo de "você", e não de "o senhor"! Qual médico é assim tão humilde hoje? Um cara muito bacana! — disse-me Nelson. — A essa altura você sabe que eu nunca gostei de ir ao médico. Mas não vejo a hora de ir lá bater um papo com ele! Ele me deu uns remédios pra tomar, então eu tenho que aguardar um tempo, mas vai demorar muito pra tomar tudo. Então vou esperar mais uns dias e vou ligar pra ele pra fazer a consulta. Ele disse que eu podia, então é o que eu vou fazer! Um médico muito bom.

No parque em que faz as sessões de terapia há também aulas de dança para a terceira idade. Outro dia uma das companheiras do grupo perguntou se ele não dançava. Nelson lembrou-se de que, na família, de dez irmãos, todos dançavam — exceto ele e mais um, Vitorino. Por timidez? Ele não sabia dizer. Agradeceu à senhora e contou-lhe uma história:

— Minha esposa, Neusa, gostava de dançar. Ela dançava muito bem. Aí começamos a namorar e, desse dia em diante, ela nunca mais dançou. Por minha causa. A não ser quando meu filho mais velho estava grande, aí ela dançou com ele em uma festa. Mas só. Eu até brincava com ela que um dia ela me ensinaria a dançar... A gente se arrepende de tanta coisa nessa vida... Mas então eu não posso. Seria um desrespeito aprender agora. Porque ela se dedicou tanto a mim que nunca mais dançou, nunca mais nem pensou em dançar! Se eu não aprendi quando ela estava viva, vou aprender agora? Não posso.

O último abraço

Nelson está mudando, mas não tanto assim. Nessa altura, ele me disse estar vivendo "um dia de cada vez", sem mudanças bruscas — uma postura interessante, recomendada por psicólogos especializados em luto.

Ele não voltou a dormir no quarto do casal. Prefere adormecer no sofá, com a TV ligada. O filho Junior apareceu um dia com a ideia de vender a casa e se mudarem todos para o interior. Eles tinham familiares em Presidente Prudente, o pai gostava do campo, eles podiam se adaptar — por que não? Nelson não respondeu diretamente, disse somente que "teria que ver". Mas o que ele pensou foi que não mudaria daquela casa de jeito nenhum. Pensou que lutara tanto para construir o sobradão de três andares onde viviam há décadas e que não abandonaria aquela casa jamais. Somente quando "fosse embora".

Sua esposa, Neusa, ainda não havia aparecido para ele, afinal. "Ela pode ficar perdida se quiser voltar e eu não estiver em casa Até aqui com certeza ela sabe chegar." No dia em que Neusa aparecer, ele pensou, ela saberá onde o encontrar. Talvez ele esteja na cozinha, preparando a refeição da família. Talvez esteja dormindo no sofá, talvez até durma sentado. Pode ser que ele desperte de súbito, meio assustado, pois ultimamente é assim que tem sido. Ele logo vai perceber. Ficará feliz por acordar novamente ao seu lado.

Posfácio

Esta é uma história real. Os fatos aqui narrados são resultado da decisão de Nelson Irineu Golla de matar sua esposa e se matar, com uma bomba caseira, em uma casa de repouso no Parque São Lucas, Zona Leste de São Paulo, em 28 de setembro de 2014. Dois jornais noticiaram o acontecimento em poucos parágrafos, e inúmeras perguntas não haviam sido respondidas. No dia seguinte, o assunto foi esquecido.

Dezenas de entrevistas foram realizadas com Nelson, a quem agradeço pela paciência e honestidade ao falar sobre os dias mais difíceis que já viveu. Deixo aqui meus agradecimentos também a amigos e familiares de Nelson e Neusa, principalmente aos filhos Nilson, Nilma e Junior, pela atenção e gentileza ao me receber, além das valiosas horas de entrevistas e material sobre os pais.

Até a data de publicação deste livro, não houve nenhuma mudança no processo judicial de Nelson Irineu Golla. O julgamento não havia sido marcado, nem havia previsão para tal.

Todos os fatos aqui relatados foram submetidos à análise das pessoas envolvidas, na busca pela verdade factual. Os documentos citados neste relato foram cedidos pela família ou resultado de buscas no Tribunal de Justiça de São Paulo.

Gostaria de agradecer ao site de reportagens Brio, que me motivou a escrever esta história desde o início. E ao jornal O *Estado de S. Paulo*, pela publicação de uma versão resumida dela.

Vitor Hugo Brandalise

Fica aqui também minha profunda gratidão aos meus pais, irmãos e demais familiares. Ao documentarista Dirceu Neto, pelo apoio neste trabalho. E à Marina, minha esposa, por me encorajar em momentos difíceis e pelas considerações que aprimoraram o livro.

São Paulo, outubro de 2016.

Este livro foi composto na tipologia Berling LT
Std, em corpo 11/16, e impresso em
papel off-white no Sistema Cameron da
Divisão Gráfica da Distribuidora Record.